Barbara Bišický-Ehrlich

Sag', dass es dir gut geht

Eine jüdische Familienchronik

IMPRESSUM

Sag', dass es dir gut geht

Autorin
Barbara Bišický-Ehrlich

Seitengestaltung
Größenwahn Verlag Frankfurt am Main

Schrift
Constantia

Covergestaltung
Marti O'Sigma

Coverbild
Christian Vesper

Familienfotos
© Barbara Bišický-Ehrlich

Lektorat
Thomas Pregel

Druck und Bindung
Print Group Sp. z. o. o. Szczecin (Stettin)

Größenwahn Verlag Frankfurt am Main
Februar 2018; November 2018; April 2019

ISBN: 978-3-95771-204-2
eISBN: 978-3-95771-205-9

Für Lyel, Samuel und Lian

INHALT

Lyel Ehrlich

Samuel Ehrlich

Lian Ehrlich

Lior Ehrlich

Barbara (Bara)
Bišický-Ehrlich

Martin Bišický

Jan (Honza) Bišický

Zuzana (Zuzka)Bišický
(geb. Zeimerova)

Vilem Bišický

Antonin
(Tonda)
Bišický

Helenka Bišicka
(geb. Hallerova)

Ota Bišický

Zdenka Bišicka
(geb. Engelova)

Štepanka Hallerova
(geb. Budlovska)

Oskar Haller

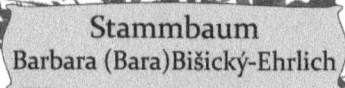

Stammbaum
Barbara (Bara) Bišický-Ehrlich

Ivana Feixova

Martin Feix

Hanka Feixova
(geb. Krausova)

Vlada Feix

Emilie Zeimerova

Jindriska Klacerova
(geb. Zeimerova)

Miroslav (Mirek)
Zeimer

Eva Zeimerova
(geb. Krausova)

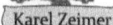

Karel Zeimer

Robert Zeimer

Anna Zeimerova
(geb. Sternova)

Antonin Kraus

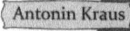

Antonie (Tonča)
Krausova
(geb. Schickova)

Helenka

Als ich anfing, meine Oma Helenka für dieses Buch zu befragen, was denn genau alles passiert sei, wiederholte sie nur immer wieder die Worte: »Das kann man niemandem erzählen, Bára. Das glaubt einem kein Mensch. Ich hätte das selbst nicht geglaubt, wenn man es mir erzählt hätte. Das kann man nicht erzählen.«

Sie erzählte dennoch – und ich begann zu schreiben.

Štepanka Budlovská, meine Uroma, und ihre Familie lebten schon seit vielen Generationen in Humpolec, einer böhmischen Stadt etwa 100 Kilometer südöstlich von Prag. In Humpolec gab es eine jüdische Gemeinde, eine Synagoge und einen jüdischen Friedhof. Etwa 300 Menschen lebten im jüdischen Viertel. Štepanka verlor früh ihre Mutter, die unter schwerem Diabetes litt, und kurz darauf ihren Bruder; er starb an einer Rippenfellentzündung. Ihr Vater, ihre Schwester Gusti und deren Familie wurden Jahre später in Bergen-Belsen ermordet.

Familie Haller, 1937
Vorne v. l.: Ivo (Helenkas Cousin), Berta und Zikmund (Helenkas Großeltern), Helenka
Hinten v. l.: Oskar und Štepanka, Gusti und Ota (Helenkas Onkel und Tante)

Štepanka heiratete Oskar Haller, der ebenfalls aus Humpolec stammte und dessen Vater einige Jahre lang Vorsitzender der dortigen jüdischen Gemeinde war. Štepanka und Oskar führten eine glückliche Ehe. Am 4. April 1924 wurde ihre Tochter Helenka, meine Oma, geboren. Ein weiteres Kind wollten die beiden nicht, denn dem einen sollte es gut gehen. Štepanka arbeitete als Buchhalterin in der Kolonialwarenhandlung, die sie gemeinsam mit ihrem Mann Oskar führte. Damals wurde noch alles mit der Hand geschrieben: Jede Rechnung, jeden Brief, jedes Dokument verfasste sie handschriftlich. Oskar arbeitete Tag und Nacht, auch Urlaub machte die Familie nie. Eine Kinderfrau, die im selben Zimmer mit ihr wohnte, erzog die kleine Helenka. Aber Helenka mochte Fräulein Hrachová, genannt Tante Ella, nicht besonders. Lieber hätte sie mehr Zeit mit ihren Eltern verbracht. Immerzu wollte Tante Ella etwas von ihr: Wasch' dich, räum' auf, mach' deine Schularbeiten, sitz' gerade, Ellbogen vom Tisch, Finger aus der Nase! In der vierten Klasse bekam Helenka Rheuma und wurde über Monate von einem Privatlehrer unterrichtet, um die Klasse nicht wiederholen zu müssen. In dieser Zeit langweilte sie sich unendlich.

Helenka hatte eine wunderbare, sehr friedliche Kindheit. Sie hatte viele Freunde, die sie alle mit nach Hause bringen durfte, spielte Tennis, fuhr Fahrrad, schwamm und war eine durchschnittlich gute Schülerin. Ihr Judentum spielte eine eher untergeordnete Rolle. Im selben Haus wie sie wohnten ihre großen Cousins, und überhaupt waren die Familienbande sehr eng. Zu Großeltern, Tanten und Onkeln gab es ein sehr inniges und herzliches Verhältnis. »Das ist wohl der Grund, warum mir bis heute Familie das Allerwichtigste ist«, überlegte Helenka viele Jahrzehnte später.

Als die Nazis die Macht ergriffen und später die Tschechoslowakei besetzten, war Helenka fünfzehn Jahre alt und musste die Schule verlassen. Oskar aber war der Überzeugung, sie müsse unbedingt trotzdem etwas lernen. So begann sie eine Ausbildung zur Schneiderin bei der ehemaligen Schneiderin von Štepanka. Es sei ein nobler Salon gewesen, sagte meine Oma. Die Kleider der wohlhabenderen Menschen wurden hier geändert oder geschneidert. Sie waren aus feinen Stoffen und rochen gut.

Doch das Leben hatte sich von Grund auf verändert, schon bald musste die gesamte Familie nach Prag umsiedeln, das Haus und alle Freunde zurücklassen. Den Lebensmittelhandel überließen sie notgedrungen einem Bekannten zu einem symbolischen Preis. Damals verstand Helenka nicht, wie schwer das für ihre Eltern war. Für sie war es ein großes Abenteuer. Abgesehen davon kannte sie Prag schon, da sie bereits ein Jahr auf einem Mädchengymnasium in Prag gelernt hatte.

Judensterne
von Helenka und Štepanka, 1941

Nun war aber alles anders: Die Rassengesetze betrafen alle Juden. Wenn Helenka einmal Freunde treffen wollte oder gar ein Rendezvous hatte, so ging das nur noch auf dem großen »Neuen jüdischen Friedhof«. Zwischen den Gräbern konnten sich die Jugendlichen treffen und zusammen lachen.

Am 18. Dezember 1942 wurde die Familie Haller zum Abtransport aufgerufen. Zunächst mussten sich alle im Messepalast »Veletržni Palác« einfinden. Sie schliefen hier vier Tage auf dem Boden und auf ihren Koffern. Alle erhielten eine Nummer, Helenka die Nummer 241.

Am 22. Dezember 1942 wurden Oskar, Štepanka und Helenka nach Theresienstadt abtransportiert. Dort waren sie etwa ein Jahr. Helenka arbeitete zunächst in einer Putzkolonne, später meldete sie sich zur Arbeit auf einer der Krankenstationen. Schließlich war es immer ihr großer Traum, Medizin zu studieren. Und, wenn sie schon an einem solchen Ort sein musste, so wollte sie doch wenigstens etwas für andere tun.

Sie war die jüngste in der Abteilung und bekam die schwersten Aufgaben. Dennoch machte ihr die Arbeit Spaß. Ihre Mutter Štepanka arbeitete in einer der Wärmeküchen Theresienstadts, in denen sie das mitgebrachte Essen der Menschen erwärmte und die Kessel und das Geschirr bewachte. Sie kochte Brei, Milch und Nahrung für Babys, Kleinkinder und Mütter. Was grade eben ging. Oskar war zunächst bei der Ghettowache, was ein gerade angesehener und verantwortungsvoller Posten war.

Ghetto-Geld, 1943

Später sortierte er in der Kleiderkammer all die Dinge, die in den Koffern der Menschen übrigblieben, die in ein Lager deportiert wurden. Selbstverständlich konnte diese Arbeit nur unter strengster Kontrolle erfolgen, denn die guten und wertvollen Dinge wurden direkt nach Deutschland verschickt. Es ging ihnen einigermaßen gut, und Oskar wiederholte immer wieder: »Wenn Gott will, können wir hier überleben.«

Eines Tages wurde eine große Zählung der Häftlinge anberaumt und alle Insassen in einen Talkessel gejagt. Der Grund war ein Fehler in der Anzahl der Ghettobewohner, und so wollten die deutschen Wachen lieber selber noch einmal nachzählen. Einige wenige Krankenschwestern blieben mit den Patienten im Ghetto zurück, darunter auch Helenka. Sie hatte schreckliche Angst und wusste nicht, was mit den Menschen, die hinaus mussten, geschehen würde. Den ganzen Tag hatte sie die Aufgabe, Schwerstkranke auf Karren auf andere Stationen zu verlegen. Das bedeutete für Helenka sowohl psychisch als auch körperlich vollkommenes Auszehren. Viele der Kranken in den Karren starben an diesem Tag. Als die anderen Ghettobewohner am späten Abend endlich zurückkehrten, konnte Helenka das Glück kaum fassen: Ihre Eltern lebten!

Eines Nachts wurden Helenka und einige andere Krankenschwestern geweckt, für alle anderen gab es eine strenge Ausgangssperre, nicht einmal aus dem Fenster durfte man sehen. Ein Transport mit 1200 polnischen Kindern kam am Gleis von Theresienstadt an. Es waren Kinder aus dem Ghetto Bialystok. Sie sahen schlimm aus, waren in einem katastrophalen Zustand: ausgehungert, schmutzig, in Lumpen, teilweise ohne Schuhe, krank, panisch. Sie schwiegen. Auf dem Gelände von Theresienstadt gab es eine alte Brauerei, hier sollten die Kinder desinfiziert und entlaust werden. Als den Kindern befohlen wurde, sich auszuziehen, begannen sie hysterisch zu schreien und sich mit Händen und Füßen zu wehren: »Gas! Gas!« Das war das erste Mal, das Helenka dieses Wort hörte – sie wusste nicht, was es damit auf sich hatte. Die ganze Nacht kümmerten sich die Schwestern um die bedürftigsten Kinder. Danach wurden sie in einer Halle untergebracht, die etwas abseits lag, und besonders gut verpflegt. Es gingen einige Gerüchte über die Zukunft dieser Kinder um. Dr. Reinisch, einer der jüdischen Lagerärzte und Leiter des dortigen Gesundheitswesens, kam ein paar Tage nach der Ankunft der Kinder auf Helenka zu und sagte ihr, die polnischen Kinder seien da, um aufgepäppelt und dann mit ein paar Auserwählten, darunter auch Helenka, in die Schweiz in Freiheit gebracht zu werden. Es liefen Verhandlungen über einen Austausch gegen in Palästina inhaftierte Deutsche. Das war ein sehr verlockendes Angebot. Helenka aber wollte mit ihren Eltern bleiben und lehnte wenige Tage später schweren Herzens ab. Nach einigen Wochen wurden alle Kinder und die »Auserwählten« in Viehwaggons gepfercht – in Auschwitz angekommen, gingen sie direkt von der Rampe ins Gas.

Am 1. August 1944 wurde Oskar, Helenkas Papa, nach Auschwitz deportiert. Dann kam die Meldung, dass auch Štepanka für einen Transport vorgesehen sei. Helenka lief sofort zu den zuständigen Dienststellen und meldete sich ebenfalls für den Transport. Dr. Reinisch flehte Helenka an, nicht zu gehen, sie stehe auf einer Schutzliste. Doch ihr Entschluss stand fest. Schließlich konnte sie ihre Mama nicht allein gehen lassen, schon gar nicht nachdem Oskar seine Tochter beim Abschied gebeten hatte, sich um diese zu kümmern. Štepanka war zu dieser Zeit sehr krank und nach einer Diphterie ziemlich gebrechlich. Die furchtbaren Bedingungen machten sich bei ihr besonders bemerkbar, mehr als bei einer jungen Frau von 20 Jahren, wie es meine Oma damals war. Mutter und Tochter wurden also gemeinsam in den Viehwaggon getrieben. Sie dachten, sie seien auf dem Weg nach Deutschland zur Arbeit. Gegen eine Wand gepresst, las Helenka ins Holz geritzte Worte: »Jetzt fahrt ihr nach Auschwitz.« Ihr war nicht bewusst, was das bedeutete. Bei der

Ankunft führte der Lagerarzt Josef Mengele höchstpersönlich die Selektion durch. Štepanka schickte er in eine andere Richtung als ihre Tochter. Daraufhin begann Helenka panisch zu schreien. Mengele rief Štepanka zu sich und fragte: »Wie alt bist du?« Instinktiv machte sich die 44jährige einige Jahre jünger und durfte so auf die Seite ihrer Tochter. Sie wurden geschoren, desinfiziert und vor allem scheinbar endlos lange gezählt, immer wieder. Es wurde gepfiffen und gezählt, gezählt und gepfiffen.

Nach etwa zwei Wochen in Auschwitz wurden die beiden mit 1000 anderen Frauen zur Strafarbeit geschickt. »Wenn ich heute daran denke, Barunko«, sagte meine Oma, »habe ich keine Ahnung, wieso ich das überlebt habe.«

Sie arbeiteten auf dem Feld, hoben Panzergräben aus, schliefen in einer Scheune ohne Decken – und für alle 1000 Frauen gab es gerade einmal eine Wasserpumpe, die zwischendurch auch noch kaputt ging. Das wichtigste waren die Schuhe. Deshalb zogen Helenka und Štepanka sie auch niemals aus, zu groß war die Angst, dass sie gestohlen würden.

Am 18. Januar 1945 wurde das Straflager evakuiert und die noch lebenden Häftlinge auf den Weg in ein weiteres Lager getrieben, dieses Mal zu Fuß. Es folgte ein grauenvoller Todesmarsch durch den eisigen Winter, auf abgelegenen Feldwegen und durch den Wald. Immer wieder mussten die Frauen große Löcher in den gefrorenen Boden graben. Die Schwachen wurden einfach hineingeschossen. Helenka aß Schnee und vor allem wusch sie sich damit, um frisch und sauber auszusehen und so nicht erschossen zu werden. Einige Wochen ging das so, bis der Winter, die Anstrengung des Marsches und eine schwere Durchfallerkrankung Štepanka das Weitergehen vollkommen unmöglich machten. Sie konnte nicht weiter. Helenka blieb mit ihrer Mutter stehen. Ein bewaffneter SS-Mann trieb die beiden in den Wald und wollte meine kleine Uroma erschießen. Er sah Helenka an und sagte: »Bist du nicht die Krankenschwester aus Theresienstadt?« Helenka nickte, und es folgten kaum zu ertragende Sekunden. Schließlich setzte der SS-Mann an: »Lauft!« Er schoss zweimal in die Luft und ging zurück zu den Gefangenen.

Im Wald kauernd, blieben zwei vollkommen kraftlose Geschöpfe zurück. In diesem Moment verließ Helenka ihr letzter Lebenswille. Sie wollte sich von einer Brücke stürzen oder sonst irgendwie ihr Leben beenden. Štepanka aber schöpfte neue Kraft: »Jetzt, da wir allein sind? Jetzt möchtest du sterben? Jetzt musst du leben!«

Sie befanden sich irgendwo in der Nähe von Dresden. Es war der 13. Februar 1945, der Tag, an dem die großen Luftangriffe auf die Stadt begannen. Sie rafften sich auf und gingen zur nächsten Straße. Am ersten Haus, das sie sahen, klopfte Helenka und bat um etwas zu essen. Das bekamen sie, allerdings durften die beiden Frauen nicht in der Scheune übernachten. Über ihren Köpfen flogen die Geschosse und alle möglichen Kampfbomber. Sie schlugen sich weiter durch, waren zwischenzeitlich noch einmal in einer Schule eingesperrt und beteuerten stets, ausgebombte tschechische Arbeiterinnen zu sein, die es auf der Flucht vor einem Angriff nicht mehr geschafft hatten ihre Papiere mitzunehmen. Immer wieder wurden sie gefragt, ob sie nicht zu dem Gefangenenmarsch gehörten, der in der Nähe vorbeizog. Ihr großes Glück waren zwei Kopftücher und der Umstand, dass ihre Unterarme am Tag ihrer Ankunft in Auschwitz nicht mit Zahlen gebrandmarkt worden waren. Das ist höchstwahrscheinlich einem Fehler der SS bei der Registrierung geschuldet, was vor allem bei weiblichen Häftlingen, die ein Lager nur als Durchgangslager benutzen sollten, geschah.

Auf einer Landstraße hielt Helenka todesmutig einen mit Holz beladenen Lastwagen an und fragte den Fahrer, ob er sie in die Nähe eines noch intakten Bahnhofs bringen könne. Er nahm die beiden sogar bis nach Zittau nahe der tschechischen Grenze mit und erzählte den Frauen die ganze Fahrt über vom bevorstehenden deutschen Endsieg. Ihre Herzen rasten vor Angst. Sie schafften es zum Bahnhof, und nach vielen Umwegen stiegen sie in einen Zug Richtung Prag. Ein mitreisender deutscher Soldat riet Helenka, sie solle sich mit ihrer Mutter schlafend an die Seite setzen, als eine Kontrolle nahte. Nach der überstandenen Fahrkartenkontrolle dankte Helenka und fragte den Soldaten, warum er das getan, warum er ihnen das geraten habe. Er antwortete trocken: »Weil ich kein Wort von eurer ›ausgebombten Arbeiterinnengeschichte‹ glaube.« Sie bat um seinen Namen, um ihm möglicherweise eines Tages danken zu können. Doch er schwieg.

Auf dem Prager Bahnhof herrschte das Chaos des Krieges: Gefangene wurden abgeführt, Soldaten überall und mittendrin Štepanka und Helenka. Die Angst war kaum zu ertragen. Keiner hielt sie an. Sie fuhren mit der Straßenbahn zu alten Freunden, die zunächst Helenka und Štepanka nicht erkannten. So sehr hatten die erlebten Gräuel ihre Gesichter verzerrt und ihre Körper gezeichnet. Die Freunde gaben ihnen zu essen und ließen sie erst einmal schlafen. Bleiben konnten sie nicht. Sie fuhren wieder mit dem Zug hin und her, bis Helenka die einzig logische Möglichkeit einfiel zu überleben: Sie mussten zurück nach Theresienstadt. Dort würden sie den Krieg schon irgendwie überstehen. Doch vorher müssten sie noch der Familie Vaňha über ihre Pläne Bescheid geben. Helenkas Cousin würde ganz sicher zu Vaňhas fahren, sollte er aus dem Krieg zurückkehren, denn er liebte deren Tochter. Und so wüsste wenigstens irgendjemand, was mit ihnen geschehen war und wo man sie suchen könnte. Familie Vaňha lebte zu sechst mit einem Hund in einer Zweizimmerwohnung. Als sie die beiden Frauen endlich erkannten und von ihren Plänen hörten, nach Theresienstadt zurückzukehren, war sofort klar, dass das überhaupt nicht in Frage komme. Sie beschworen die beiden Frauen, bei ihnen zu bleiben. Vaňhas versteckten sie bis zum Ende des Krieges in ihrer winzigen Wohnung. Immer wieder mussten die Frauen stundenlang im Schrank ausharren oder allein in der Wohnung zittern, wenn Kontrollen drohten oder Bombenalarm war und die anderen in den Schutzkeller eilten. »Das war eigentlich die schlimmste Zeit«, sagte mir meine Oma. Zu der Angst, selbst entdeckt zu werden, kam nun noch die Angst um die lieben Freunde, die ihr Leben für sie riskierten. Das muss für meine Oma, die ihr Leben lang immer nur für andere gelebt hatte, furchtbar gewesen sein.

Die beiden Cousins kehrten als einzige Familienmitglieder zurück.

Oskar, Helenkas Vater, kam in Auschwitz ums Leben.

Jahrzehnte lang verfolgten Helenka jede Nacht schlimme Albträume rund um die Kriegsjahre. Die Träume endeten jedoch mit einem Schlag an dem Tag, als ihr Mann, mein Opa Tonda, 1974 starb.

Štepanka zog recht schnell nach Tondas Tod zu ihrer Tochter Helenka, die sich fortan um ihre Mutter kümmerte.

»Báro, warum interessiert dich das alles? Darüber wurden so viele Bücher geschrieben. Jede meiner Freundinnen wird dir etwas anderes erzählen. Jede erinnert sich an etwas anderes. Aber das glaubt doch sowieso alles niemand. Mir ist nur wichtig, dass es dir gut geht. Geht es dir gut? ... Du musst mir das öfter sagen. Ich brauche das.«

Rada židovských náboženských obcí
v české socialistické republice
Praha 1, Maiselova 18.

Pan /Paní/   Praha,dne 18.11.1970.

Helena Bišická,   z 1066   /70 -B-1124/R.

Hornická 52,

O s t r a v a 1.

                           nyní Bišická

Sdělujeme Vám, že pan /paní/ Helena Hallerová   nar. 4.4.1924

naposled bytem v Praze V,Krásnohorské 11 byl registrován za okupace

jako žid u tehdejší Židovské rady starších pod čís. 14.075.

Dne 22.12.1942   byl/a/ deportován/a/ z rasových důvodů transpor-

tem čís. Ck-241   do Terezína a odtamtud dne 4.10.1944   pod

čís. En-1038   do Osvětimi. ~~Nevrátil/a/ se.~~ Vrátil/a/ se.

Od 1. 9. 1941 musel/a/ nosit židovskou hvězdu.

                 Rada židovských náboženských obcí

                    v České socialistické republice

                    Praha 1, Maiselova 18

Übersetzung.

Wir teilen Ihnen mit, dass Herr /Frau/ Helene Haller, jetzt Bišická

geb. am 4.4.1924   zuletzt wohnhaft in Prahe V,Krásnohorské 11

während der Okkupation als Jude beim damaligen Aeltestenrat der Juden

unter Nr. 14.075.   registriert war. Am 22.12.1942

wurde er /sie/ aus Rassengründen mit dem Transport Nr. Ck-241

nach Terezín und von dort am 4.10.1944   unter Nr. En-1038

nach Auschwitz deportiert. ~~Er /sie/ kehrte nicht zurück.~~ Er /sie/

kehrte zurück.

Ab 1. 9. 1941 musste er /sie/ den Judenstern tragen.

                    Rat der jüdischen Gemeinden

                    in der Tschechischen socialis-

                    tischen republik.

554/1538

Bescheinigung der jüdischen Gemeinde in der CSSR, 1970

Fahrt ins Graue

Stundenlang hat die Fahrt immer gedauert. Wir saßen im Mercedes Kombi, hörten Hörspiele, sangen und aßen ununterbrochen Schnitzelbrote, Süßigkeiten, Obst, geschnittenes Gemüse, Kuchen ... Der Vorrat war groß und besonders wichtig. Überhaupt hat Essen einen unglaublich hohen Stellenwert in meiner Familie – Essen ist Teil unserer Identität und unseres Selbstverständnisses. Was, wann, wie viel, wo und wie gegessen wird, sind essenzielle Fragen bei uns zu Zause. Wir hatten grundsätzlich das beste Essen, und das war auch von ungeheurer Wichtigkeit, jedenfalls für unseren Selbstwert. Alle Kinder wollten immer bei uns essen, und Mama wusste, dass jeder, der bei uns einziehen würde, in nur wenigen Tagen wohlgenährt wäre. Und darauf waren wir alle stolz.

Unsere Eltern rauchten im Auto bei geschlossenen Fenstern. Wir waren aber so daran gewöhnt, dass es uns gar nicht störte. Die Stimmung wurde immer angespannter, je näher wir unserem Ziel kamen. Je mehr Kilometer hinter uns lagen, umso stiller wurde es im Wagen. Als Kinder konnten wir das nicht verstehen, eigentlich nahmen wir es nicht einmal richtig wahr. Und wenn doch, so machten wir uns eher über unseren Papa lustig. Er drehte die Musik ab, rauchte noch mehr und schrie uns ab und zu an, wir sollten ruhig sein. Die Ängste und Sorgen, die er jedes Mal durchlebte, verstanden wir nicht. Nicht einmal unsere Mama hat sie wirklich nachvollziehen können – unsere immer starke, angstfreie Mama. Sie machte jederzeit den Eindruck, alle Hürden im Leben nehmen zu können und sich niemals zu fürchten. Solange sich also nur Honza fürchtete, mussten wir uns keine Sorgen machen, denn wirklich bedrohlich konnte es dann in unseren Kinderaugen nicht sein. Mama sagte nur hin und wieder:

»Kinder, seid jetzt mal ruhig, Honza muss sich konzentrieren.«
Wir kannten die Prozedur, die uns am Grenzübergang erwartete:
Pässe, warten, zur Seite fahren, warten, aussteigen, warten, Auto
ausräumen. Dann wurden alle Koffer gefilzt, alle Kisten ausge-
schüttet und das ganze Auto durchsucht. Das dauerte manchmal
Stunden, denn unser Wagen war vollgestopft mit Geschenken.
Südfrüchte, Zigaretten, Kleidung, Nutella-Gläser, hunderte Kau-
gummi-Packungen, Putzmittel – alle möglichen westlichen Güter
eben, ob gebraucht oder neu. Wir waren ein fahrendes Warenhaus.

Was die Zöllner suchten, wusste ich nicht, es war mir nie klar.
Wir waren fest davon überzeugt, dass das reine Kommunistenty-
rannei war. Dass sie, vom Kommunismus frustriert, ihrem Leben
einen Sinn geben mussten, in erster Linie aber ihren Verpflich-
tungen nachgingen, als brave Soldaten des Genossen Obrigkeit.
Und das ging wohl am ehesten mit Schikane. Wenn wir dann
endlich weiterfahren durften, war die Erleichterung unermesslich. Die Stimmung löste sich mit jedem Kilometer. Wir waren
wieder lustig und scherzten, dass Martin, mein Bruder, der geborene Zöllner sei, dass das seine wahre Bestimmung im Leben sein
würde. Nicht der Frust oder Neid der Ostblock-Zöllner, sondern
Martins Begeisterung für Gerechtigkeit, Ordnung und Kontrolle
waren ausschlaggebend. Martin wollte alles wissen, er saugte alles in sich auf. Wieso, wer, wann, warum, wen, weshalb, wie viel,
was, wo ...? Er war der wissbegierigste Junge, den ich kenne. Natürlich kannte er auch alle Autoschilder und Marken, Flaggen
und sämtliche Hauptstädte dieser Erde.

Hinter der Grenze sah sofort alles anders aus. An die Landstraße grenzten nun nicht mehr hübsche kleine Dörfer mit gerichteten Vorgärten, ordentlichen Maschendrahtzäunen und
kleinen Gartenzwergen. Wir fuhren über Schlaglöcher, vorbei an
grauen, rauchenden Häusern, von denen der Putz an jeder Ecke
bröckelte. Die Autos waren alt und schrecklich schmutzig. Westliche Automarken sah man nicht, überhaupt waren es nicht viele

Autos. Die Menschen sahen angestrengt und traurig aus. Wenn wir an Kindern vorbeifuhren, blieben diese immer stehen und schauten staunend unserem schönen Mercedes hinterher. Manchmal zeigten sie mit dem Finger auf uns, auf das große Auto mit deutschem Kennzeichen. In meiner Erinnerung ist alles, was hinter der Grenze war, wie ein alter Schwarz-Weiß-Film, als führen wir mit der Überquerung der Grenze direkt in einen alten Film hinein. Alles war grau in grau; nur wir nicht, wir waren der Farbkleks in diesem Film: die reiche Familie aus Deutschland, die mit bunter Jahrmarktware im dicken Benz dem Ziel rasant entgegenfährt. Wir mussten immer an einem Ort vorbei, der Sokolov heißt. Hier gab es jede Menge Schornsteine, aus denen widerlicher schwarzer Rauch aufstieg. Mama erzählte uns, dass dort Braunkohle verarbeitet würde und die Stadt derart verpestet sei, dass sie die höchste Kindersterblichkeitsrate ganz Europas habe. Seitdem hielt ich jedes Mal die Luft an, wenn wir an Sokolov vorbeifuhren. Die Stadt machte mir schreckliche Angst. Natürlich hielt ich es niemals lange aus, die Luft anzuhalten, und das machte es nur noch schlimmer.

In Prag angekommen, parkten wir vor dem Haus, in dem meine Oma zusammen mit meiner Uroma wohnte. Eine Straße direkt am Park, der dem Grau der Häuser einen Hauch Freundlichkeit verlieh. Wunderschöne Altbauten reihten sich hier aneinander, die alle derart verwahrlost waren, dass das Alte nur noch hässlich wirkte. Das Auto war nach der relativ kurzen Strecke von der Grenze bis zum Ziel so schmutzig, wie es in einem ganzen Jahr Fahrt durch den sauberen Westen niemals geworden wäre. Wir fingen an, unsere Kisten voller kapitalistischer Schätze auszuladen.

Als alles auf dem Bürgersteig vor dem Art-Deco-Eingang des Hauses drapiert war, wartete ich auf meinen Vater. Da liefen zwei Mädchen mit Schulranzen auf dem Rücken an mir vorbei. Sie sahen mit großen Augen auf unser Auto und dann auf die Kisten, die vor meinen Füßen standen. »Je hele banány …«, flüsterte die eine ihrer Freundin ins Ohr. Die Mädchen hatten wohl in ihrem ganzen Leben noch nie echte Bananen gesehen. Der Blick der Mädchen war so erstaunt und überwältigt, dass ich vollkommen versteinert vor schlechtem Gewissen war. Mein Vater kam rasch und gab den Mädchen zwei Bananen aus unserer Wundertruhe. Etwas Großartigeres hätte man diesen Kindern wohl nicht schenken können. Mein Eindruck blieb nachhaltig. Genau das gleiche Gefühl hatte ich hier häufiger: Scham und schlechtes Gewissen des Wohlstands, der Freiheit und der Gnade der Geburt wegen.

Bei meinen Omas

Meine Uroma hieß Štefanie. Ich nannte sie Štepanka, die tschechische Variante. Komischerweise nannten mein Bruder und ich all unsere Großeltern und unseren Vater beim Vornamen. Allein unsere Mutter hat das Privileg, von uns als die gerufen zu werden, die sie für uns ist: Mami.

Štepanka war eine ganz besondere Frau, eine Oma, wie es sie heute nur noch in Märchen gibt. Sie war ganz klein und leicht gebückt, mit einem sehr stolzen Ausdruck im Gesicht, und sie hatte lange schwarze Haare, die sie täglich zu einem Dutt band. In der Wohnung trug sie einen geblümten Morgenmantel mit kleinem Rundkragen, der vorn durchgeknöpft war. All ihre Kleider wünschte sie nur durchgeknöpft, und zwar vorn und mit Gürtel darüber. Honza und meine Mama waren immer überglücklich, wenn sie ein solches Kleid fanden und ihr schicken konnten – der kleinen Frau mit rundem Bauch, die an ihren kleinen Füßen winzige Pantoffeln trug. Ihr Gang war langsam, und niemals wirkte sie angestrengt oder leidend. Sie war die Grande Dame der Familie. Ihr Deutsch war hervorragend und versetzt mit alten Worten, die selbst mir fremd waren. Sie war die Oma aus einer anderen Zeit. Ausgestattet mit einem unglaublich scharfen und bisweilen bösartig sarkastischen Humor, saß jedes Wort von ihr. Eine kluge, selbstbewusste Frau, die die besten Märchen und Geschichten erzählen konnte. Jeden Abend lag ich im Bett ihres Fünf-Quadrat-Meter-Zimmers und lauschte ihren fantasievollen Erzählungen. Am Ende gab es auch noch ein Betthupferl, auf ihrem Nachttisch stand nämlich ein kleines Kristalldöschen mit Pralinen, vor allem aber mit After Eight. Sie liebte die Kombination aus Bitterschokolade und Minze, natürlich von uns aus dem Westen mitgebracht, und sparte sich das After Eight besonders auf. Manchmal hatte ich fast ein schlechtes Gewissen, wenn ich davon aß. Noch heute erinnert mich dieser Geschmack an die Zeit der Geschichten. Abends trank sie gern einmal einen Slivovic.

Štepanka hatte unglaublich viel Geduld mit mir. Sie brachte mir das Uhrenlesen bei, an dem meine Eltern schon fast verzweifelt waren mit mir. Wir kochten gemeinsam, und dabei machte sie sich darüber lustig, wie akkurat und langsam ich in allem war, wie pingelig. Diese Art von Humor über die vermeintlichen Schwächen der anderen hatte Kultur in unserer Familie. Es war lustig, aber gleichzeitig waren es auch kleine Stiche. Wir lachten und gaben unsere Verletzungen niemals preis – wir spürten sie nicht einmal.

Ich hatte immer kurze Haare, die meine Mutter mir aus Leidenschaft schnitt. Ich kann mich nicht daran erinnern, gefragt worden zu sein, aber es war stets in Ordnung für mich, auch wenn ich als kleines Mädchen öfter für einen Jungen gehalten wurde, was mich sehr kränkte. Bei meinen Omas in Prag durfte ich die langen Haare meiner Uroma Štepanka frisieren. Das war etwas ganz Besonderes. Ich kämmte sie, flocht ihr Zöpfe und spielte voller Neid mit diesen fantastisch langen Haaren.

Barbara mit ihrer Uroma Štepanka, 1981

Die Wohnung meiner Omas in Prag hatte eine ganz eigene Atmosphäre. Überall lagen Teppiche. Ich glaube, außer im Bad und in der Küche gab es keinen Millimeter Boden ohne Teppich. Sie lagen übereinander – vielleicht, weil damals ein Teppich noch Wert besaß und man ihn in der Tschechoslowakei nicht hätte lukrativ verkaufen können. Abgesehen davon, dass das meine Oma Helenka sowieso nie gemacht hätte: Dinge mit Wert werden vererbt. Und so lagen unzählige Teppiche in dieser Wohnung herum. Die Wände hingen voller Bilder und die Schränke waren voll mit kleinen Geschenkchen – Bestechungsgeschenke für Ärzte, Behörden, Banker, Postangestellte, eben alle, die man hin und wieder einmal brauchte. So war das im Osten: ein Kaffee für den Herrn Doktor, eine Pralinenschachtel für die Frau Direktor und ein Fläschchen für den Herrn Ingenieur.

Fernsehen hatte damals noch einen anderen Stellenwert als heute, vor allem im Ostblock. Es liefen ja sowieso nur staatlich gesteuerte Programme. Für Kinder gab es den fabelhaften tschechischen Sandmann, der viel schöner ist als der deutsche. Außerdem gab es natürlich noch die traumhaft schönen Märchenverfilmungen der Tschechen – es gibt wohl keine schöneren. Bei meinen Omas Fernsehen zu gucken, war für mich immer auch eine Mutprobe. Ich hatte ständig Angst, dass er explodieren würde. Das Gerät war sehr alt, und ich hatte die Vorstellung, dass es genau dann den Geist aufgeben würde, wenn ich es ein- oder ausschaltete. Also genau in dem Augenblick, in dem ich neben der Kiste stand, mit der Hand am Schalter. Es ist nie passiert. (Abgesehen davon, dass ich später gelernt habe, dass er eher im- als explodiert wäre.)

Sommerferien

Vier Generationen;
v.l. Štepanka, Martin, Helenka, Zuzka, Honza und Barbara

M eist waren wir in den Sommerferien in Prag und verbrachten dann auch immer einige Zeit in Pětikozly. Pětikozly ist
ein Dorf mit 28 Einwohnern, einer Bushaltestelle, einem Briefkasten, einer winzig kleinen Kapelle und einem Teich. Das Haus gegenüber der Bushaltestelle gehört der Familie meines Vaters. Vor
dem Krieg besaßen sie einige Ländereien, die sie auch bebauten.
Meine Sommer hier waren immer großartig. Da ich kein anderes
derart kleines Dorf kenne, bin ich bis heute davon überzeugt,
dass es keines wie dieses gibt. Einmal in der Woche kam ein Bus
vorbei, hier konnte man die nötigsten Lebensmittel einkaufen,

was vor allem für die Alten wichtig war. Ein sehr spezieller Geruch durchströmte diesen Bus, eine Mischung aus Puddingpulver, billigem Waschmittel und Kondensmilch aus der Tube. Alle zwei Wochen kam ein Wagen mit einem Anhänger ins Dorf. Hier konnte man neue Gasflaschen für den Herd kaufen. Und das absolut Verrückteste für mich war, dass einmal im Monat ein mobiles Entsorgungsfahrzeug kam. Ein großer blauer Schlauch wurde in eine Öffnung des Vorgartens gesteckt und saugte alle Fäkalien des letzten Monats ab. Unsere »Geschäfte« wurden also monatlich mobil abtransportiert. An diesen Tagen stank das Dorf abscheulich – die wohl ekligste, aber am meisten beeindruckende Erfahrung des Dorflebens für mich.

Wir Kinder spielten den ganzen Tag im Garten, versteckten uns in den anliegenden Feldern, kletterten auf Bäumen herum, aßen das hier wachsende Obst und warteten darauf, dass die Omas und Tanten uns zum Essen riefen. Die kochten den ganzen Tag, wuschen Geschirr, machten die Wäsche, putzten und kümmerten sich um den Garten. Ich habe heute den Eindruck, als hätten wir die ganzen Sommerferien hindurch nur gegessen. Es wurde gebraten, gekocht, gebrutzelt, eingemacht, eingelegt, getrocknet und vor allem gebacken. Täglich gab es eine Suppe vor dem Hauptgericht und jeden Nachmittag mindestens ein Blech Kuchen, wenn nicht bei uns, dann bei einer Nachbarsoma. Es gab viele Kinder in den Sommerferien in Pětikozly. Alle reisten aus den nahen Städten an, um ihre Großeltern zu besuchen. Auch nach Pětikozly karrten wir jedes Mal große Mengen westlicher Waren. Nachts lag ich manchmal mit meiner Großcousine Gabina im Bett, und wir löffelten heimlich ein Glas Nutella leer. Allen Kindern des Dorfes brachten wir Süßigkeiten und Kaugummis mit. Es hat mich maßlos beschämt, dass sich diese Kinder ihre Kaugummis für die nächsten Monate genau einteilten. Manchmal kauten sie einen für einige Zeit und verstauten ihn dann wieder in der Nachttischschublade, um ihn am nächsten Tag weiter zu kauen. Das kannte ich von zu Hause nicht.

Im Wohnzimmer des Hauses stand ein alter Kachelofen, an dem wir uns immer wärmten, wenn es draußen ungemütlich wurde. Genau wie diesen habe ich mir den Kachelofen in den Märchen vorgestellt, die meine Uroma erzählte. Sie handelten nämlich von Pecyválek (frei übersetzt: Ofenwälzerchen), einem Jungen, der so faul war, dass er nie etwas anderes tun wollte, als sich auf dem Ofen zu wälzen und zu wärmen. Er wollte nie lernen, spielen, lesen oder sonst etwas tun. Und so wurde er immer dicker und hatte keine Freunde. Ich liebte diese Geschichten, Štepanka konnte sie wunderbar fantasievoll und witzig ausschmücken.

Eine Sache machte mir allerdings zu schaffen in Pětikozly: die Eifersucht. Mein Vater blieb immer nur ein paar Tage und reiste dann wieder ab. Er musste schließlich arbeiten. Die Tochter seiner Cousine, meine Großcousine Gabina, liebte meinen Vater so sehr, dass sie jede Minute, die er da war, mit ihm verbrachte. Oft saß sie auf seinem Schoß, was mich rasend machte. Ihr eigener Vater war ein seltsamer Eigenbrötler, auf dessen Schoß ich mich niemals gesetzt hätte. Immerzu werkelte er an seinem Auto herum und murmelte grimmig vor sich her. Er ging gebückt und schaute einem nur selten in die Augen. Auch Gesprächen mit Erwachsenen entzog er sich. Viel später lernte ich ihn noch einmal anders kennen, als der Eiserne Vorhang gefallen war und er und meine Tante anfingen zu reisen.

Einmal trafen wir uns auf Gran Canaria: Er war ein liebenswerter Mensch und auch sehr klug, was ich bis dahin nie bemerkt hatte. Damals in Pětikozly aber war er wohl eifersüchtig, weil seine Tochter auf dem Schoß meines Vaters saß, dem reichen Onkel aus dem Westen, der ihr Geschenke mitbrachte. Das war nicht einfach für ihn, denn auch er trug seine Narben des Lebens – seine früheste Kindheit in Theresienstadt.

Die Sommerferien in Pětikozly verstrichen immer wie im Nu und der Alltag holte uns viel zu schnell wieder ein. Wir fuhren zurück nach Prag, und die großen Abschiedsszenen mit Oma Helenka und Uroma Štepanka begannen. Noch bevor die Koffer gepackt waren, weinte mindestens eine von ihnen. Wir luden unser Gepäck wieder in den großen deutschen Wagen und standen zwischen dem Haus mit den vielen Teppichen und dem Park voller Eichhörnchen. Meine Oma Helenka kam meist mit uns herunter, Štepanka stand oben am Fenster und sah aus tränenüberströmten Augen hinunter. Man sah sie kaum, denn es war ein altes doppeltes Fenster, das zwischen den Scheiben mit Pflanzen vollgestellt war, und sie erschien winzig dahinter, diese kleine weise Frau, die schon so viel in ihrem Leben durchgemacht hatte.

Štepanka in ihrer Wohnung in Prag, 1985

Staatsfeinde

Ich stand auf der Straße und winkte meiner kleinen Uroma Štepanka, bis mein Vater uns endlich ins Auto rief und die Tortur beendete. »Schnell, schnell!«, hörte ich ihn. Wir fuhren los – in Richtung Westen, die Welt, in der sich unsere Freunde, unsere Schule und unsere eigentliche »Heimat« befanden. Wobei Heimat ein ganz schwieriger Begriff gewesen ist, denn unsere Eltern haben nie aufgehört, im Herzen Tschechen zu sein und, darüber hinaus, alles wirklich Deutsche zu verteufeln. Nach außen waren wir eine perfekt eingebürgerte Ausländerfamilie: Wir gingen brav zur Schule, sprachen gutes Deutsch, mein Vater verdiente ehrliches Geld und auch sonst waren wir durchaus assimiliert. Innerlich aber war da immer ein tiefer Zwiespalt. Gehörten wir nun zu den kaugummiaufbewahrenden Dorfkindern des Ostens, zu den verwöhnten Kindern der jüdischen Gemeinde Frankfurt oder zu den ordentlichen, braven Westdeutschen? Nichts davon passte.

Aber anpassen wollte ich mich an all das. Nach meiner Einschulung wurde mir beispielsweise ganz plötzlich bewusst, dass ich mich anders anhörte als die anderen Kinder: Ich rollte das R auf eine andere Art. Das deutsche R konnte ich einfach nicht, und so übte ich täglich fleißig nach der Schule vor dem Spiegel das »Rrrrrr«. Meine Eltern machten sich über mich lustig; es muss sich anfangs sehr eigenartig angehört haben, aber irgendwann konnte ich es. Nun sprach ich wie die anderen Kinder, also gehörte ich ein Stückweit mehr dazu.

Dass ich heute auch als Synchron- und Werbesprecherin arbeite, habe ich wohl meiner Angst, als Ausländerkind betrachtet zu werden, zu verdanken.

Meine Familie hatte stets den Eindruck, außerordentlich liberal zu sein und jegliches Anderssein zu tolerieren. In Wirklichkeit aber waren wir selbst das Maß der Dinge und somit intolerant wie die meisten. Sogar mit Blick auf die jüdische Gemeinde gab es für uns Unterschiede. Zu Hause waren wir Rassisten: Es hieß, die polnischen Juden seien geizig und ungebildet, die rumänischen verschwenderisch und großkotzig, die Israelis ungehobelt und kulturlos und so weiter und so fort. Die tschechischen Juden aber ... Die sind Kulturmenschen mit Bildung und einem angemessenen Maß an Kinderstube. Und das waren wir. Wann immer jemand positiv über das tschechische Volk sprach, fühlten sich meine Eltern bestätigt und erzählten es voller Stolz immer wieder.

Auf dem Rückweg von Prag nach Frankfurt waren wir meist als Diebe bzw. Schmuggler unterwegs. Das machte die Nervosität im Auto nicht gerade geringer als auf der Hinfahrt. Meine Mutter liebte Antiquitäten und durchforstete in Prag jeden Basar, der zu finden war. Sie kaufte altes Geschirr, Silber, Gläser und sogar Kleinmöbel. Manchmal verluden wir auch ein Erbstück aus der Wohnung meiner Omas. Es machte meinen Vater rasend: Er hatte solche Angst vor den tschechoslowakischen Zöllnern, dass es häufig zu heftigen Streitereien zwischen meinen Eltern kam. Manchmal musste meine Mutter dann allein reisen, weil Honza sich schlichtweg weigerte, dieses Risiko einzugehen.

Natürlich wurden wir immer an der Grenze angehalten und überprüft. Papiere für eine Ausfuhrgenehmigung der Antiquitäten gab es selbstverständlich nie, aber meine Mutter war eine Meisterin der Koketterie und der spontanen Lügen. Unglaubliche Geschichten erzählte sie den Zöllnern. Das ging teilweise so weit, dass dicke Tränen aus ihren Augen kullerten und die Grenzwachen uns voller Mitleid irgendwann durchließen. Mein Bruder erzählte mir, er sei einmal mit ihr allein gefahren, natürlich mit heißer Ware an Bord. Die Zöllner schickten sie zurück nach Prag, um die Papiere für das alte Zeug zu besorgen. Unsere Mutter fuhr zwar los, aber gerade einmal bis zum nächsten Grenzübergang, an dem man sie dann durchließ. Ich weiß nicht, ob es Todesmut,

Naivität oder der Reiz am Zocken war, was sie antrieb, aber sie schien völlig unerschrocken.

Mit einer ihrer Geschichten schaffte sie es 1969 sogar, ihren Eltern und ihrer Oma im Flüchtlingslager Friedland bei Kassel einen Registrierungsschein zu besorgen, mit dem diese, nach ihrer Flucht aus der Tschechoslowakei, im Westen bleiben durften. Einen solchen zu bekommen, ohne irgendwelche Nachweise einer deutschen Herkunft zu besitzen, war eigentlich ein Ding der Unmöglichkeit. Das bestätigten ihr im Nachhinein auch alle tschechischen Emigrantenfreunde. Meine Mutter aber bekam, was sie wollte. Ihre Überzeugungskraft war und ist unwiderstehlich.

Tränen

All meine nichtjüdischen Freunde beneideten mich um meine Mutter, so glaube ich zumindest. Bei uns war es immer lustig, herzlich, die Tür stand allen offen und vor allem gab es stets genug zu essen. Der Kühlschrank platzte aus allen Nähten, die Küche war Dreh- und Angelpunkt unseres Lebens. Hier wurde gekocht, gegessen, diskutiert, gelacht, geweint, Hausaufgaben gemacht, gebügelt, Knöpfe oder Flicken angenäht, Briefe geschrieben, telefoniert und sich gelangweilt. Meine Eltern konnten beide von ganzem Herzen lachen. Noch heute höre ich dieses ungezwungene Lachen meines Vaters lebendig in meiner Erinnerung. Ich sehe, wie er sich biegt, die Nase zieht und seine Augen, von Lachfalten eingerahmt, strahlen. Man musste einfach mitlachen. Seit 2009 ist er tot, und trotzdem ist es noch heute oft so, als säße er vor mir. Das Lachen meiner Mutter ist lauter, voller Inbrunst und mindestens genauso mitreißend. Keine Frage, es war ein Haus voller Herzlichkeit und Humor. Aber auch voller Tränen, Schmerz und unausgesprochener Worte.

Hin und wieder kam ich in die Küche und sah meine Mutter zusammengekauert in einer Ecke auf dem Boden sitzen und bitterlich weinen. Nein, sie weinte nicht, sie schluchzte verzweifelt aus tiefster Seele, während sie mit ihrem Vater, meinem Opa Mirek, telefonierte.

Nachdem sie aufgelegt hatte, wurde es laut. Sie schrie herzzerreißend oder warf irgendetwas auf den Kachelboden, was natürlich sofort in kleinste Stücke zersprang. Diese Szenen prägten sich tief in meinem Gedächtnis ein. Sie tat mir unendlich leid. Sie kämpfte einen hoffnungslosen Kampf um Liebe und Anerkennung und gegen die ewigen haltlosen Schuldzuweisungen. Ich fühlte mich vollkommen hilflos.

Blümchenkleid

Bevor wir 1980 in die schöne Jugendstil-Doppelhaushälfte in Frankfurt-Eschersheim zogen, wohnten wir in einer kleinen Wohnung in einer Art Plattenbau-Siedlung des Westens. Die Miete machte damals über die Hälfte des Einkommens meines Vaters aus. Das war zu meiner Kindergartenzeit, an die ich nur wenige Erinnerungen habe. Mein Bruder Martin und ich teilten uns ein Zimmer und schliefen auf dem Boden auf Matratzen. Meine Eltern hatten das kleinste Zimmer – so klein, dass kein Ehebett darin Platz fand. Sie schliefen, der eine längs, der andere quer, in zwei Einzelbetten. Unsere finanzielle Situation war damals sicher nicht einfach, aber ich hatte zu keinem Zeitpunkt das Gefühl, dass es uns an irgendetwas fehlte. Das Jahr des Umzugs war für mich unglaublich aufregend, jede Veränderung machte mir Angst. Der Umzug und meine Einschulung im selben Jahr waren wohl ein bisschen viel für mich, ich wollte nicht in die Schule, unter keinen Umständen. Heidi hatte schließlich auch alles von ihrem Opa gelernt, war mein Argument. Es half alles nichts, der erste Schultag kam. Ich bekam Fieber und am ganzen Körper einen Ausschlag. Beides schützte mich allerdings nicht vor dem Gang mit der Schultüte.

Wann immer ein neuer Abschnitt in meinem Leben begann, zog es mich zurück zu dem vorangegangenen. Jeden Tag nach der Schule ging ich nach Hause, warf meinen Ranzen in die Ecke, aß zu Mittag, nahm meine alte Kindergartentasche und ging den Kindergarten besuchen. Später auf dem Gymnasium besuchte ich nach dem Unterricht meine ehemalige Grundschullehrerin. Wenn ich, Jahre darauf, eine Arbeitsstelle verließ, schaute ich anfangs auch immer noch im altbekannten Büro vorbei.

Und trotzdem muss ich im Nachhinein sagen, dass ich keine dieser Phasen genossen habe. Ich mochte nicht den Kindergarten, nicht die Grundschul- und auch nicht die Gymnasialzeit, auch nie wirklich meine einzelnen Arbeits- oder Ausbildungsstellen. Die Jetzt-Zeiten waren immer schwierig, voller Zweifel und Ängste. Erst wenn sie vorbei waren, konnte ich mit ihnen leben.

Ich versuchte mich in meiner Kindheit in einigen Hobbies, in vielen gar nicht einmal aus Eigeninteresse, sondern weil andere es machten oder weil es cool oder interessant wirkte. Am ehesten jedoch, weil meine Mutter mich dazu ermunterte.

Alle Mädchen mochten Pferde, also sollte ich auf einen Reiterhof. Dabei bedachte keiner, dass mir Pferde schreckliche Angst machten. Dementsprechend verlief dann auch der Aufenthalt: Schon zwei Tage nach meiner Ankunft war klar, dass große Pferde nichts für mich waren. Und so sollte ich lieber auf kleinen Voltigieren lernen. Mir wurde ein zwanzig Jahre altes Pony namens Sternchen zugeteilt, klein und gemütlich. Trotzdem schaffte ich es gleich beim ersten Mal, von Sternchens Rücken zu fallen. Das war's dann mit Pferden für mich.

Ich probierte mich in Blockflöte, Elektroklavier, Judo, Querflöte, Jazz- und Stepptanz.

Zum Ballett ging ich als ganz kleines Mädchen. Als wir damals begannen, für unsere erste Aufführung zu proben, verteilte die Lehrerin die Rollen. Wir tanzten die »Biene Maja«, und Frau Wenzel sagte:»Also, Nadine tanzt die Maja und du, Barbara, den Willi, der ist so schön dick!« Ich ging nach Hause und weinte bitterlich. Ich bekam also keine Rolle für mein Können, sondern für meine pummelige Statur. Was für ein Drama für ein Kind!

Mit acht Jahren begann ich in einer Theatergruppe zu spielen. Zur ersten Probestunde zog meine Mutter mir ein geblümtes Kleidchen mit Kragen und einem kleinen Schleifchen am Hals an. Man musste ja einen guten Eindruck machen. Ich, ein pummeliges, kurzhaariges Mädchen im Blümchenkleid, mit Mama an der

Hand, kam also in diesen Souterrain-Proberaum. Die Kinder waren alle mindestens zwei Jahre älter. Sie trugen Jeans und T-Shirt und waren unheimlich lässig. Die Mädchen hatten lange Haare und waren bildhübsch. Begrüßt wurden meine Mutter und ich von der Leiterin der Gruppe, einer schmalen Frau mit heller Haut, streng zurückgebundenen schwarzen Haaren, großen Augen und knallrotem Lippenstift. Sie trug eine braune Lederhose und einen schwarzen engen Rollkragenpullover. Sie sah aus wie eine echte Künstlerin. »Hallo, ich bin die Sibylle. Also das nächste Mal kommst du auf keinen Fall im Kleid! Das geht hier gar nicht!«, klangen ihre ersten Worte. Das war wie ein Schlag ins Gesicht. Was für eine Begrüßung. Ich schämte mich in Grund und Boden, am liebsten wäre ich direkt wieder hinausgerannt. Das wäre aber noch viel peinlicher gewesen vor all diesen älteren Kindern. Außerdem war da ja auch noch meine Mama an meiner Hand. Alles war mir unangenehm.

Ich blieb, und von da an waren meine Freitage fest verplant. Sie gehörten Sibylle, die zu einem wichtigen Menschen für mich wurde, und ihrer absolut außergewöhnlichen Art des Kindertheaters. Wir improvisierten, tanzten, bewegten uns wild durch den Raum, und vor allem durften wir schreien. Wir machten komische Zungenübungen, Partnervertrauensübungen, verkleideten uns verrückt und durften schlimme Schimpfworte benutzen. Es machte wahnsinnig viel Spaß. Und Kleidchen mit Schleifchen hatten hier wirklich nichts verloren. Die Aufführungen waren immer große Highlights, und doch wollte ich in den ersten Jahren kurz vor den Premieren immer wieder aufhören. Ich verglich mich stets mit den hübschen langhaarigen Mädchen, die in meinen Augen alle viel talentierter waren als ich. Ich traute mich einfach nichts. Bei Improvisationen fiel mir nie etwas ein. Ich schämte mich. Ich war blockiert. Und weil das die anderen merkten, machte ich mich natürlich angreifbar und zu einem gefundenen Fressen für egozentrische Pubertierende. Einige machten sich über mich lustig und wollten auch in den Übungen nie mit mir zusammen sein. Eigentlich waren es nur drei Kinder, aber das reichte, um mir das Gefühl zu geben, ungenügend für die ganze Gruppe zu sein.

Die Sprüche eines Jungen trafen mich besonders hart. Er war der coolste, bestaussehende und talentierteste von allen. Alle Mädchen waren in ihn verliebt. Er schrieb sogar einmal ein Theaterstück für uns, das wir auch sehr erfolgreich aufführten. Lucas war gemein zu mir. In einer Improvisation, in der zwei Mädchen im Kino neben einem Jungen sitzen und ihn anbaggern sollten, wagte ich es, Lucas, der den Jungen spielte, meinen Ellbogen auf seine Schulter zu legen. Er drehte sich ganz langsam zu mir um, sah mich hasserfüllt an und sagte: »Mach sofort deinen fetten Arm von meiner Schulter!«

Auf dem Weg zur U-Bahn liefen Lucas und seine Schwester manchmal hinter mir her und riefen: »Arschloch! Blöde Kuh! Fette Ziege! Dumme Gans!«

Jahre später, Lucas studierte längst in Berlin, kam er zu einer unserer Aufführungen. Im Anschluss fragte er mich, ob ich noch etwas trinken ginge mit ihm. Das war für mich die größte Genugtuung. Die erniedrigenden Erlebnisse in meiner Kindheit waren vergolten. Offensichtlich war ich nicht mehr das pummelige, verschämte Mädchen im Blümchenkleid.

Die Theatergruppe ist mir bis heute geblieben und wurde zu einer Art zweiten Familie für mich: meine Freitagsfamilie.

Die Blümchenkleider, Marineblüschen und Schottenröckchen waren noch einige Jahre lang die Kleidung, in der meine Mutter mich am liebsten sah. Ich trug sie zwar nicht mehr in der Theatergruppe, aber wo immer ich ein gutes Bild abgeben sollte, zog ich mit größter Freude an, was meine Mama mir hinlegte. Denn meine Mutter wusste genau, was mir stand. Sie föhnte mir auch gern die Haare schön rund und damenhaft und riet mir in jungen Jahren schon zu Schulterpolstern, um von meinen Hüften und meinem Popo abzulenken.

Unser Judentum spielte in Martins und meiner frühen Kindheit nicht die geringste Rolle. Ich bin mir nicht einmal sicher, ob Martin und ich wussten, dass wir jüdisch sind. Wir kannten keinen einzigen jüdischen Feiertag, keine Bräuche und Riten und hatten stattdessen jedes Jahr ein großes feierliches Abendessen zu Heiligabend, sogar mit einem kleinen Weihnachtsbäumchen. Zu essen gab es klassisch tschechischen Kartoffelsalat, Schnitzel und panierten Karpfen. Meine Großeltern mütterlicherseits waren auch jedes Jahr dabei:

Martin und Barbara, 1979

Eva und Mirek, ein Paar wie aus einem Hollywoodfilm. Auf alten Bildern sahen sie aus wie Grace Kelly und Humphrey Bogart. Meine Oma Eva war immer perfekt gestylt mit passenden Stöckelschuhen zur Handtasche, einem tadellosen Make-up und viel Goldschmuck. Mirek (Miroslav), mein Opa, erschien im Anzug, mit gepflegtem Seitenscheitel, immer rasiert, mit Trenchcoat und einem Hut auf dem Kopf.

Als Kind wusste ich nicht viel von der Emigration und den schweren Anfangsjahren in Deutschland, geschweige denn von dem, was Eva und Mirek im Krieg und danach durchlebt hatten. Eigentlich interessierte es mich auch nicht. Eva sollte mir nur immer schön mit ihren langen, lackierten Fingernägeln den Bauch kitzeln.

Mein Bruder Martin war da anders: Sehr früh schon verschlang er Bücher über den Holocaust. Und wenn wir in Eschborn bei Mirek und Eva übernachteten, legte er sich zu Mirek ins Bett und fragte und fragte und fragte. Er war vielleicht neun Jahre alt und kannte alle furchtbaren Erlebnisse aus den Konzentrationslagern, die Mirek durchlitten hat. Tagsüber war ich gern bei ihnen, aber nachts hatte ich schreckliche Angst und fühlte mich furchtbar unwohl. Das ganze Haus war düster und in meinen Augen irgendwie unfreundlich. Es war ein 70er-Jahre-Bungalow: Alles war in Brauntönen gehalten, im Keller befand sich eine richtige Bar. Allein traute ich mich aber nur selten hinunter.

Meine Großeltern hatten getrennte Schlafzimmer, und so schlief ich bei Eva im Bett. Das riesige Fenster war mit einem schweren Vorhang verhängt, der mit Silhouetten von Vögeln bedruckt war. Am schlimmsten war es, wenn meine Oma das Zimmer verließ und ich allein blieb. Allein sein war sowieso furchteinflößend für mich, aber dann auch noch mit diesen Vögeln!

Schlafen ist immer ein Thema für sich in meinem Leben gewesen. Ich hatte Angst in meinem Bett, Angst vor der Dunkelheit, vor Einbrechern, Würmern, Schlangen oder anderem Ungeziefer, das mein Bett hochkriechen könnte. So legte ich mich exakt in die Mitte der Liegefläche, deckte mich zu und stopfte die Decke seitlich unter mich. Nun schien die Entfernung für die Kriechtiere, die zu mir wollten, von allen Seiten gleich groß, und durch meine Hotdog-Methode konnten sie mich nicht so schnell erreichen. Manchmal war mir schrecklich heiß, aber die Furcht war stärker.

Am liebsten hätte ich jede Nacht bei meinem Bruder geschlafen, aber er forderte dafür meist Geld von mir. Ein richtiger Halsabschneider war er. Aus meiner Angst machte er ein Geschäft. Dabei wäre es ihm kaum aufgefallen, dass ich bei ihm schlafe, denn er hatte, im Gegensatz zu mir, nicht das geringste Problem mit dem Einschlafen. In nur wenigen Sekunden fiel er in den tiefsten Schlaf. Dabei war mir aber gerade wichtig, dass er wach blieb. Auch später, beim Fernsehen beispielsweise, hasste ich es, wenn mein Vater oder Bruder mitten im Film einschliefen; ich weckte sie dann. Schlafen ist wie Nicht-Dasein.

Seit ich denken kann, hatte ich Schlafprobleme und bin sehr lange jede Nacht zu meinen Eltern ins Bett geschlüpft. Das taten sie auch jedem kund, und das Alter wurde immer höher angesetzt, je häufiger es erzählt wurde: »Barbara ist noch mit 12 (mit 13, mit 14 etc.) zu uns gekommen.« Es beschämte mich zutiefst.

Schlaf ist nur eines der beiden großen Themen in meiner Familie, Verdauung das zweite. Und beides betrifft vornehmlich die Mitglieder weiblichen Geschlechts. Jede von ihnen nahm gegen mindestens eines dieser beiden Probleme Medikamente. Viele Jahre dachte ich, das wäre etwas Genetisches oder etwas, das jüdische Frauen eben haben. Denn tatsächlich reden viele jüdische Frauen häufig von ihrer schwierigen Verdauung und vom schlechten Schlaf. Heute weiß ich, dass zwar einige Schlaf- oder Verdauungsprobleme haben, aber genetisch bedingt sind diese wohl nicht. Es ist eher eine historische und vielleicht auch kulturelle Frage. Beides hat mit Entspannung und Loslassen zu tun, und das fällt vielen offensichtlich etwas schwer. Bei uns wurde nicht einmal darüber nachgedacht, die äußeren Bedingungen diesen Themen anzupassen, also zum Beispiel einfach die Ernährung umzustellen oder Sport zu treiben. Es wurden Helferchen geschluckt und akzeptiert, dass man ein »genetisch vererbtes« Problem hat. Rennie, Maalox, Dulcolax, Agiolax und getrocknete Zwetschgen – all das gab es bei uns zuhauf.

»Genetisch Vererbtes« macht vieles so viel leichter zu verstehen und »einzutüten«, so auch Mimik, Gestik, die Art zu sprechen und zu laufen, was man mag oder nicht mag oder gar Charaktereigenschaften. Meine Mutter stellte immer Vergleiche an: »Du bist genau wie ... Und der Martin ist genau wie ...« Ich hatte dabei Glück, denn mit mir wurde der vermeintlich »gute« Teil der Familie assoziiert. Ich rieb mir die Hände wie Oma Helenka, ich lachte wie Štepanka, ich war genauso vorsichtig und ängstlich wie Helenka – und mindestens genauso hypochondrisch, aber auch ebenso empfindlich, bedächtig, aufmerksam und mitfühlend. Zumindest wurde mir das immer so gesagt. Martin dagegen bekam den Part der Zeimers, also die Seite meiner Großeltern mütterlicherseits zugeteilt. Angeblich war er meist nur auf sich selbst fixiert. Das wurde so nie ausgesprochen, aber wenn Martin irgendetwas tat oder sagte, was auch nur annähernd in diese Richtung ging, wurden direkt Vergleiche angestellt: »Genau wie Eva oder Mirek.« Dabei war und ist Martin ein sensibler, einfühlsamer und hochintelligenter Junge. Als Kind war er, wie viele andere auch, einfach ein kleiner Draufgänger, der eifersüchtig auf die kleinere Schwester war. Als älterer Bruder wurde mehr von ihm erwartet, aber die Vergleiche mit den Menschen, die als die Schwierigen in der Familie galten, waren, glaube ich, ziemlich hart und haben sich nachhaltig bei ihm eingeprägt.

Beste Freundin

Ein wirklich enges Verhältnis habe ich zu meinen Großeltern Mirek und Eva nie aufgebaut. Denn ich wusste, dass meine Mutter unter ihnen und wegen ihnen litt.

Meine Mutter erzählte mir schon früh Dinge, die vielleicht nicht unbedingt für Kinderohren bestimmt waren. Aber wir waren eben beste Freundinnen, und so hörte ich sehr jung voller Mitgefühl, was sie mit ihren Eltern erlebt hatte. Zum Beispiel, dass Mirek ständig fremdging und auch vor den Freundinnen seiner Tochter nicht haltmachte oder dass Eva meiner Mutter immer das Gefühl vermittelte, sie sei so nie gewollt gewesen. Sie habe sich immer einen Sohn namens Petr gewünscht, und außerdem sei Zuzka einfach nicht so, wie sie sich das erhofft habe. Sie sei Evas Schwester, die sie nie leiden konnte, viel zu ähnlich.

Meine Mutter lernte als Kind zwei deutsche Worte: »LASS SIE!« Die hörte sie immer von einem ihrer Elternteile, wenn der andere sie zur Strafe schlagen wollte. Zuzka wuchs mit dem Gefühl auf, es ihren Eltern nie recht machen zu können, ihnen nie zu genügen.

Als meine Mutter, gerade einmal 18 Jahre alt, das erste Mal mit einem Jungen intim gewesen war und direkt schwanger wurde, ging sie scham- und angsterfüllt zu ihrer Mutter Eva, um es ihr zu beichten, wohl in der Hoffnung, Rat und Hilfe zu bekommen. Eva aber bat Zuzka daraufhin nur, ihr die Flasche Wodka und das Telefon zu holen. Sie trank und rief ihre Freundin an, um ihr zu erzählen, wie dämlich ihre Tochter wäre.

Meine Mutter musste allein vor eine Kommission treten und um eine Abtreibung bitten. Auch hier kam ihr das Talent des spontanen Geschichtenerfindens zugute. Lieber wäre es ihr aber sicher gewesen, Rückhalt zu spüren. Für Mirek, der überzeugter

Kommunist, Parteimitglied und sehr angesehen war, wäre es wahrscheinlich nicht schwer gewesen, seiner Tochter diesen Auftritt zu ersparen.

Meine Großeltern quälten meine Mutter auf ganz unterschiedliche Art und Weise: Mirek mit Briefen voller Vorwürfe und dem Einreden eines schlechten Gewissens. Sie sei verantwortlich für die schlechte Ehe, die er führe, sie sei undankbar, sie benehme sich nicht korrekt und so weiter. Eva hingegen begegnete ihr mit Kälte und Unnahbarkeit. Meine Mutter fühlte sich Zeit ihres Lebens verantwortlich für das Unglück ihrer Eltern und kämpfte um ein Zeichen der Liebe. So tat sie immer alles, um ein klein wenig Glück und Harmonie zu stiften. Ich glaube, sie hat bis heute nicht wirklich verstanden, dass es nichts hätte geben können, das auch nur ansatzweise ihren Wunsch erfüllt hätte.

Mit all dem gefüttert, war ich nun vollends sicher, die allerbeste Mutter auf der ganzen Welt zu haben, denn sie war ja so anders. Schließlich war sie meine beste Freundin, und wenn ich in Schwierigkeiten war, regelte sie immer alles für mich – sogar ohne mich zu fragen. Das war außerordentlich bequem, meine Mutter entschied einfach alles. Und weil sie ja die Beste war und ich niemals gewagt hätte, sie infrage zu stellen, ließ ich sie grundsätzlich gewähren, lehnte mich zurück, und mein Leben wurde bestimmt. Es kam mir nicht einmal die Idee, mich in irgendeiner Form aufzulehnen. Meine Mama entschied aber nicht nur für mich, sondern auch für Martin und Honza. Für uns alle war es bequem. Auch wenn wir Gäste hatten, wurden die nicht gefragt, was sie denn von der großen Auswahl an Gekochtem kosten mögen. Nein, meine Mutter nahm einen Teller und haute jedem drauf, was sie für richtig hielt. Manchmal schämte ich mich für diese Übergriffigkeit.

Honza fielen diese Dinge scheinbar nie auf. Er war die Ruhe selbst und ließ alles geschehen. Was ihn allerdings schon ab und zu wurmte, war, dass Zuzka so furchtbar gern redete und sich manchmal derart warmplapperte, dass sie Dinge erzählte, die vielleicht unpassend oder gar geheim waren. Dann gab es unter dem Tisch immer einen kleinen Tritt oder, wenn er zu weit weg saß, einen sehr strengen Blick, in sehr seltenen Fällen sogar ein: »Zuzko!!!«

Honza

Honza ist 1969 aus der Tschechoslowakei geflohen. Aber eigentlich ist er nicht wirklich geplant geflohen: Er wollte seinen Nennonkel und besten Freund des Vaters besuchen, um mit ihm in Frankfurt auf die IAA zu gehen. In den Jahren 1968/69 gab es etwa zwölf Monate lang die Möglichkeit, Touristenvisa zu bekommen, um aus der Tschechoslowakei auszureisen. Honza musste ein ganzes Jahr nach Ablauf seiner Militärzeit auf dieses Visum warten, bei Militärdienstlern war das so. Am 13. September 1969 endlich verließ er seine Oma Štepanka in Prag und fuhr nach Frankfurt, um westliche Autos zu bestaunen. Nie zuvor war Honza im Ausland gewesen. Er sprach weder Deutsch noch Englisch. Russisch war die einzige Sprache, mit der er sich, außer Tschechisch hätte verständigen können. Doch das half ihm zur damaligen Zeit in Westdeutschland nicht viel. Es muss ein unglaubliches Abenteuer für ihn gewesen sein.

Was er nicht ahnte: Am 19. September 1969 wurden, als Konsequenz aus dem Einmarsch der Truppen des Warschauer Paktes in die Tschechoslowakei, alle Grenzen dicht gemacht, und damit war jegliche Ausreise aus der Heimat unmöglich. Er traf eine lebensverändernde Entscheidung und ging nicht wieder zurück. Im Alter von einundzwanzig Jahren blieb er in der Bundesrepublik Deutschland, ohne Familie, Sprachkenntnisse, Geld und ohne Ausbildung. Als nämlich 1952 in der Tschechoslowakei die antizionistischen Slánský-Prozesse begonnen hatten, war mein Opa, Honzas Vater Tonda, aus Protest aus der kommunistischen Partei ausgetreten. Und das hatte Folgen für die ganze Familie: Von da an bekamen sie häufig Besuch von der Kriminalpolizei und lebten in ständiger Angst. Honza musste damals das Gymnasium verlassen und auf eine landwirtschaftliche Fachschule gehen, ein

Studium war ihm dadurch unmöglich. Nach der Schule und dem Militärdienst lebte Honza dann in Prag bei seiner Oma Štepanka und arbeitete in einer Tankstelle.

Als er im September 1969 die Entscheidung getroffen hatte, in Deutschland zu bleiben, ging er nach Köln zu einer befreundeten Familie (ebenfalls tschechische Emigranten) und fand Arbeit als Locher in einer Fabrik für Ersatzteile. Das hielt er aber nicht lange aus, und so wurde er Weinvertreter.

Mit seinem miserablen Deutsch lief er von Tür zu Tür und versuchte Weine zu verkaufen. Es muss ziemlich schlecht gelaufen sein, denn nach nur einer Woche trank er den Wein einfach selbst aus und verließ Köln. Entfernte Verwandte in Frankfurt vermittelten ihm eine Stelle als Fahrer bei der Familie Deutsch, die mit Pelzen handelte. Das war eine sehr anständige Familie, die meinem Vater einen echten Start ermöglichte. Doch soziale Kontakte hatte er kaum.

Kurz nach dem Krieg ist Štepanka, Honzas Oma, auf einer Kur in Marienbad Tonča, Zuzkas Oma, begegnet, und es entstand eine enge Freundschaft zwischen ihnen. Die beiden Kriegswitwen teilten eine KZ-Vergangenheit und von da an auch die Gegenwart. Sie erzählten sich von ihren Kindern und Enkelkindern

 Honza und Zuzka. Sie schrieben sich über Jahre lange Briefe.

So erfuhr die eine Oma von der anderen Oma dann auch viele Jahre später in einem Brief, dass Honza allein, ohne Familie in Frankfurt war. Tonča entschied, man müsse sich hier um ihn kümmern. Sie lud ihn ein, und so lernte Honza die Familie Zeimer kennen, von der er bis dahin nur durch Erzählungen seiner Oma wusste.

Štepanka und Tonča
auf Kur in Marienbad, 1952

Zuzka, diesem verwöhnten Mädchen aus Prag, gefiel der langhaarige Bauerntölpel mit furchtbarem Dialekt aus Mährisch-Ostrau überhaupt nicht. Sie und ihr Verlobter Pepík verkuppelten ihn mit ihrer polnischen Freundin und gingen dann zu viert in Frankfurt aus.

Etwa ein Jahr später aber war Mirek wegen seines Asthmas im Krankenhaus, Eva schlief bei Freunden, Tonča war bei ihrer zweiten Tochter in Kanada und Zuzkas Verlobter Pepík zu einer Fortbildung. Honza und Zuzka waren allein. Sie hörten traurige tschechische Lieder, schwelgten in Nostalgie, und Honza weinte dicke Tränen der Sehnsucht. Beiden wurde schnell klar, dass sie ihr Leben miteinander verbringen wollten. Unabhängig von der Liebe verband sie ein enges Band des Schmerzes, gemeinsamer Geschichte und Religion. Der nichtjüdische Verlobte Pepík wurde verabschiedet, und drei Monate darauf heirateten Zuzka und Honza im Frankfurter Standesamt. Bis heute erzählt meine Mutter, wie unspektakulär diese Eheschließung war. Da sie kein Geld hatten, reichte es gerade einmal für ein viel zu enges weißes Kleid von der Kaufhausstange für 20 DM und ein paar Plastikohrringe. Im Anschluss an die Unterschrift gingen sie in einer einfachen Gaststätte essen. An der Trauung sowie am Mittag-essen nahmen lediglich Eva, Mirek und Tonča teil. Das waren alle. Honza war vollkommen allein mit seiner neuen Familie.

Hochzeit von Zuzka und Honza. (v. l. Couch) Zuzka, Mirek, Honza, Eva, 1971

Zuzka

Nur vier Tage nach dem Einmarsch der Russen 1968 in Prag war Zuzka mit ihrem damaligen Freund und einer guten Freundin allein nach Deutschland geflohen. Nachdem die Grenzen zur Tschechoslowakei 1969 dann vollends dicht gemacht worden waren, war es auch für Mirek und Eva klar: Sie konnten unter keinen Umständen bleiben. Mirek bestach Polizisten und nützliche Genossen mit Bildern, Geld und vor allem dem Versprechen, nur auszureisen, um die ungehörige Tochter aus dem bösen Westen zurückzuholen. Sie bekamen neue Pässe und flüchteten. Oma Tonča holten sie auch zu sich nach Frankfurt.

Zuzka, ihre Eltern, ihre Oma Tonča und ihr Freund Pepík fanden eine kleine Dreizimmerwohnung in der Frankfurter Mühlgasse.

Zu dieser Zeit litt Mirek unter starkem Asthma und tiefen Depressionen. Anfangs lebten sie von Sozialhilfe, was für Mirek die größtmögliche Erniedrigung und Strafe darstellte. Es nahm ihm die Luft zum Atmen, und so entledigte er sich der Unterstützung durch den Staat nach nur wenigen Monaten.

Tausenden Bewerbungen zum Trotz, die Zuzka mühevoll mit ihm verfasst hatte, fand er keine Anstellung. Es blieb ihm nichts anderes übrig, als sich selbstständig zu machen. Und so eröffneten Eva und Mirek im Jahre 1970 eine kleine Gaststätte auf der Leipziger Straße. Eva kochte und Mirek bediente alte deutsche Männer, die zum Saufen und Singen ins Lokal kamen. Auch das war für Mirek eine große Herausforderung – einige der Lieder und Gespräche von der »guten alten Zeit« ließen ihn erschauern:

>»Jetzt müssen wir marschieren,
> ich und mein Kamerad,
> in langen Reihen zu vieren,
> denn ich bin Soldat.
> Wissen wir auch nicht, wohin es geht,
> wenn nur die Fahne vor uns weht.
> Jetzt müssen wir marschieren,
> ich und mein Kamerad.«

Oder:

>»Ob's stürmt oder schneit,
> ob die Sonne uns lacht,
> der Tag glühend heiß
> oder eiskalt die Nacht.
> Bestaubt sind die Gesichter,
> doch froh ist unser Sinn,
> ist unser Sinn;
> es braust unser Panzer
> im Sturmwind dahin.«

Oder:

>»Ein strammes Landesschützenbataillon
> jawoll, jawoll, jawoll,
> singt heut' voll Stolz mit frischem, freiem Ton
> jawoll, jawoll, jawoll.
> Wir sind Kameraden vom guten alten Schlag,
> halten zusammen, was auch kommen mag.«

Zu dieser Zeit lernte Zuzka Deutsch im Goethe-Institut und meine Uroma Tonča blieb zu Hause. Das Goethe-Institut, das Zuzka besuchte, war eine Ganztagsschule in Iserlohn. Untergebracht waren alle tschechischen und polnischen Schüler in Familien. Zuzka traf es sehr gut, sie wohnte bei einer Arztfamilie in einem netten Bungalow. Abends arbeitete sie als Platzanweiserin in einem Kino, was ihr die Möglichkeit gab, Filme immer und immer wieder zu sehen und so recht schnell Deutsch zu lernen.

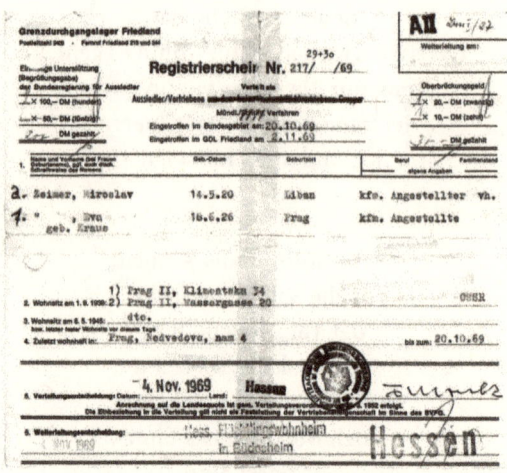

Registrierschein von Eva und Mirek, 1969

Alles Geld, das Zuzka verdiente, schickte sie ihren Eltern nach Frankfurt. Schließlich war allein sie schuld an der Misere, in der sie nun leben mussten. Das hörte sie immer wieder von ihren Eltern. Die Sprachschule sollte zwölf Monate dauern, dann hätte Zuzka die Möglichkeit gehabt, in Deutschland zu studieren. Doch der Druck von zu Hause war zu groß: »Du bist schuld, dass wir emigriert sind. Also musst du dich auch kümmern.« Nach nur sechs Monaten brach Zuzka aus schlechtem Gewissen ihre Zelte in Iserlohn ab und ging zurück nach Frankfurt. Sie fand Arbeit im Reisebüro »Neckermann und Reisen« auf der Goethestraße. Ihren Verdienst gab sie ihren Eltern.

Mirek ging es immer schlechter: Die versoffenen Deutschen im Lokal, das mangelnde Ansehen und die ständigen Ablehnungen auf Bewerbungen machten ihm sehr zu schaffen. Mehrfach erwischte Zuzka ihren Vater nachts in der Küche mit einer Handvoll Valium, drauf und dran, sie alle zu schlucken. Immer wieder sprach sie ihm Mut zu und verbrachte Nächte damit, ihren weinenden Vater zu trösten und vom Freitod abzuhalten. Immer wieder schrieb sie für Mirek Bewerbungen und versuchte morgens, die Absagen am Briefkasten abzufangen und zu zerreißen.

Doch dann geschah etwas vollkommen Unerwartetes: »Kaufhof« kaufte das Haus, in dem sich die kleine Kneipe befand, die Mirek und Eva führten, und zahlte ihnen eine kleine Abfindung. Mirek schöpfte neuen Mut und reaktivierte seinen Unternehmergeist. Er sah, dass die Menschen hier in einer Überflussgesellschaft lebten, und meinte, man müsse doch aus Resten Geld machen können. Er hörte von einer Sammelstelle alter Stoffe und Unterwäsche am Lokalbahnhof Bonames. Zuzka begleitete ihn zur »Muschel GmbH«. Sie erzählten Herrn Muschel von ihrer Emigration, und Zuzka beichtete ihm ihr unermesslich schlechtes Gewissen, ihre Eltern in den Ruin und in die Emigration getrieben zu haben. Muschel erbarmte sich ihrer und bot Ware in Kommission an. Sie sollten jeden Abend kommen, bezahlen und bekämen dann auch neue Ware.

Zuzka und Mirek suchten eine kleine günstige Verkaufsfläche, die fand sich im Hause einer Metzgerei auf der Leipziger Straße. Es waren zwar nur etwa dreieinhalb Quadratmeter, doch dafür lag die Miete bei 300 DM monatlich. Schnell sprach sich herum, dass es Schnäppchen auf der Leipziger Straße gebe, und das Lädchen fing an zu laufen. Jeden Abend fuhren Eva und Mirek in ihrem alten Simca, dem Wagen, mit dem sie emigriert waren, zu Muschel und füllten das Auto mit neuer Ware.

Im November 1970 erlitt Mirek einen schweren Herzinfarkt und musste für knapp zwei Monate ins Krankenhaus. Zuzka war inzwischen zur Reisebüroleiterin aufgestiegen, half aber ihren Eltern, wo sie nur konnte.

Honza sprang für Mirek ein und fuhr jeden Abend seine Schwiegermutter Eva nach Bonames, um zu bezahlen. So begann langsam eine Zusammenarbeit.

Anfang der 70er-Jahre gab es in Deutschland einen enormen Konjunkturaufschwung, man wurde mutiger. Meine Großeltern mieteten einen größeren Laden nebenan, in dem es nun auch eine Umkleidekabine gab. Sie nahmen Konfektionsware mit ins Sortiment auf. Viele wohlhabende Frauen, die nichts zu tun hatten, eröffneten in dieser Zeit kleine Boutiquen, die aber meist schnell wieder in Konkurs gingen. Da kam Mirek eine Idee. Er gab ein Inserat in der Zeitung auf: »Kaufen Überhänge und Restposten aus Geschäftsauflösungen. Zahlen bar!«

Das war der Anfang des »Textilbasar Zeimer«, eines einfachen Geschäfts mit Damenbekleidung, in dem teure Marken zu unglaublich günstigen Schnäppchenpreisen verkauft wurden. Ein Erfolgskonzept! Der Laden lief, die Stimmung hob sich und Zuzka wurde schwanger.

Am 24. April 1971, Zuzkas 23. Geburtstag, bekam sie im vierten Monat so starke Blutungen, dass sie ins Krankenhaus musste. Honza war in Wien, um seine Oma Štepanka zu treffen. Eine andere Möglichkeit gab es für ihn nicht, wenigstens ein Familienmitglied zu sehen. Zuzka lag in ihrem Krankenzimmer und wartete den ganzen Tag darauf, dass ihre Eltern ihr wenigstens zum Geburtstag gratulierten. Am Abend betrat dann endlich Eva das Zimmer und sagte, dass Mirek mit einem erneuten sehr schweren Herzinfarkt nur zwei Stockwerke über ihr liege und die Situation sehr kritisch sei. Zuzka verbrachte die ganze Nacht am Krankenbett ihres Vaters und verlor dabei ihr Kind.

Da Mirek wieder mehrere Wochen in der Klinik bleiben musste, kam Honza sofort zurück aus Wien, kündigte seine Stelle bei Familie Deutsch und stieg nun komplett im Textilbasar

Zeimer ein. Mirek überstand den Infarkt, gelangte aber nur langsam zurück ins Arbeitsleben. Mirek und Honza fuhren gemeinsam von Firma zu Firma durch Deutschland und kauften Restposten auf. Honza chauffierte und schleppte Säcke. Freitags hatte Mirek immer seinen freien Tag. Keiner wusste so genau, was er damit anstellte, aber er verschwand für mehrere Stunden von der Bildfläche. Honza kümmerte sich freitags um Eva, ging mit ihr Mittagessen und zuweilen auch mal shoppen. Zuzka verkaufte weiter eifrig Reisen für Neckermann. Die Stimmung war ruhig und von Fleiß und Zuversicht beseelt.

Der Unbekannte

Nach der Flucht durften und konnten meine Eltern viele Jahre lang nicht in die Tschechoslowakei einreisen. Als politische Flüchtlinge wären sie nicht mehr herausgekommen – man hätte sie auf tschechischer Seite möglicherweise als Landesverräter verhaftet. Im Jahre 1980 war es erstmals möglich, überhaupt ein Einreisevisum für die geliebte und so heftig vermisste Heimat zu beantragen. Meine Eltern redeten zu Hause über die Tschechoslowakei wie über das »gelobte Land«, in dem alles besser, schöner und leckerer war. Natürlich, denn sie sahen ihre Heimat immer noch mit Kinderaugen.

Nach seiner Emigration hat Honza seinen Vater nur noch ein einziges Mal gesehen: Im Jahre 1972, zur Geburt meines Bruders, hatte Tonda (Antonín) ein Visum nach Deutschland bekommen und blieb einige Wochen. Für meine Mutter war es die erste und einzige Begegnung mit ihrem anständigen, strengen, überaus ordentlichen und sehr viel älteren Schwiegervater. Um sich nützlich zu machen, räumte der sechzigjährige Schwiegerpapa auf und putzte. Das muss für meine junge Mutter sehr beschämend gewesen sein. Einen Haushalt zu führen und zu kochen, lernte sie erst von Helenka, die als Schwiegermutter sicher äußerst nervig, aber geduldig und liebevoll über Monate zu Besuch kam und meiner Mutter eine echte zweite Mutter wurde. Für Helenka war die Familie heilig und unumstößlich. Sie wusste um die schwierigen Familienverhältnisse in Frankfurt, verbat sich aber jegliches schlechte Wort und kämpfte um Harmonie. Sie hielt einen sehr guten Briefkontakt zu Mirek und Eva und war in Frankfurt immer um Treffen bemüht. Auch uns Kinder hielt sie stets an, unsere Großeltern zu treffen und zu respektieren. Sie war eine so gütige Frau, frei von Hass, Missgunst und Rachegefühlen. So viele

Monate des Jahres musste sie auf ihren Sohn und ihre Enkelkinder verzichten. Sie hatte weder die Zeit noch das Geld, uns das zu bieten, was die anderen Großeltern vermochten. Und trotzdem stand sie immer hinter Eva und Mirek.

Für Helenka kam es nie in Frage, nach Deutschland zu ziehen, das verboten ihre Moral und Heimatliebe. Nie sprach sie auch nur ein schlechtes Wort über Deutsche, Kommunisten oder andere, die ihren Lebenslauf weitgehend negativ bestimmt hatten. Sie lehrte mich wortlos, dass Vergebung eine Tugend ist und innere Größe beweist.

Mit nur neunundvierzig Jahren verwitwete Helenka. Es war Ende Juli 1974, und meine Mutter trug mich im Bauch. Tonda sollte am folgenden Tag ein zweites Mal seinen Sohn und die Familie in Frankfurt besuchen. Er schrieb Briefe, wie er sich auf die kleine »Barbora« freue. Damals konnte man mit Ultraschall noch keine Geschlechter bestimmen, aber er war sich sicher, dass ich ein Mädchen werden würde, und nannte mich in seinen Briefen Barbora. Er hatte ein schwaches Herz und wollte sich einige Stunden vor der Abreise noch ein wenig ausruhen. Sein Koffer war bereits am Flughafen. Er legte sich auf das Sofa und wachte nie wieder auf. Am 13. September 1974, nur sechs Wochen nach seinem Tod, kam ich zur Welt, und meine Eltern gaben mir den Namen Barbara.

Tonda

Vilda und Tonda Bišicky, 1914

Antonín »Tonda« Bišicky, der Opa, dem ich meinen Namen verdanke, den ich aber nie kennenlernte, wurde 1912 in Krnsko geboren, einem Dorf nur vier Kilometer entfernt von Pětikozly, dem Dorf meiner Kindheit. Mit seinem vier Jahre älteren Bruder Vilém, genannt Vilda, und den Eltern Zďenka und Otto lebte er auf einem großen Anwesen in sehr wohlhabenden Verhältnissen. Sie besaßen und bewirtschafteten einige Ländereien. Aus dieser Gegend stammen auch erste Registrierungen der jüdischen Familie Bišický, die bis ins Jahr 1669 zurückreichen.

Als Tomáš Garrigue Masaryk 1918 die erste Tschechoslowakische Republik ausrief, gingen damit viele Neuerungen einher. Masaryk, der von allen Tschechen hochverehrte erste Staatspräsident, setzte sich nicht nur für garantierte Grundrechte aller Bürger, die Trennung von Kirche und Staat, das allgemeine Wahlrecht, die Gleichberechtigung der Frauen und Minderheitenschutz ein. Er entschied auch über weitreichende soziale Reformen, die die Enteignung des Großgrundbesitzes zur Folge hatte. Tonda und seine Familie verließen das Schlösschen, in dem sie lebten und kauften sich eine Villa in Pětikozly. Das kleine Haus, in dem ich meine Kindheit verbracht habe, war seinerzeit »nur« das Haus der Angestellten.

Der Vater von Vilda und Tonda starb kurze Zeit nach dem Umzug. Vilda verließ die Schule und übernahm mit nur sechzehn Jahren die Verwaltung der gesamten Ländereien.

Tonda absolvierte sein Abitur mit volkswirtschaftlicher Ausrichtung. Danach lernte er Traktor fahren und Fischen, ging zur Weiterbildung in Sachen Tierhaltung nach Ruhlsdorf bei Berlin und besuchte Seminare in Halle an der Saale. Anschließend arbeitete er auf verschiedenen Höfen im Kreis Pětikozly. Nach vierzehnmonatigem Militärdienst übernahm er die Verantwortung für die Familienländereien. Vilda ging nach Dänemark, um sich dort einige Monate lang weiterzubilden. Die Bišický-Brüder studierten jegliche Bereiche der Landwirtschaft. Tonda und Vilda waren absolute Fachmänner und erarbeiteten sich über die Jahre einen hervorragenden Ruf in Ackerbau und Viehzucht. Sie waren verantwortungsvolle und gewissenhafte Arbeitgeber, bekannt für ihre Großzügigkeit und Professionalität.

1938 kamen die Nazis und mit ihnen im Juni 1939 die Enteignung aller Juden, so auch der Familie Bišický. Tonda zog mit seiner Mutter Zďenka in die Nähe von Prag und arbeitete auf einem Hof als Gärtner. Vilda, der in der Zwischenzeit geheiratet und zwei Töchter hatte, ließ sich schleunigst wieder scheiden, um seine nichtjüdische Frau und die Kinder vor der Gestapo zu schützen, und zog ebenfalls zu seinem Bruder Tonda und der Mutter.

Ende Juni 1940 wurde Tonda festgenommen und saß über zwei Monate im Gestapo-Gefängnis der »Kleinen Festung« von Theresienstadt. Hier wurden zumeist Widerstandskämpfer festgehalten. Allerdings kenne ich die genauen Hintergründe für Tondas Festnahme nicht. Nach seiner Freilassung musste er sich zweimal in der Woche bei der Gestapo melden und kam oft derart zugerichtet zurück, dass er absolut arbeitsunfähig war.

Am 01. Dezember 1941 wurden die Brüder und ihre Mutter mit dem allerersten Transport nach Theresienstadt deportiert. Sie wurden gebraucht: Die allseits bekannten und äußerst fähigen Brüder Bišický sollten die Landwirtschaft in Theresienstadt aufbauen und leiten. Tonda und Vilda verantworteten also den gesamten Gemüseanbau und die Geflügelhaltung. Aber alle Erzeugnisse wurden nach Deutschland exportiert. In dieser privilegierten Position hatten sie stets Zugang zu der einen oder anderen Rübe und Kartoffel. So konnten sie auch ihre Mutter einigermaßen bei Kräften halten.

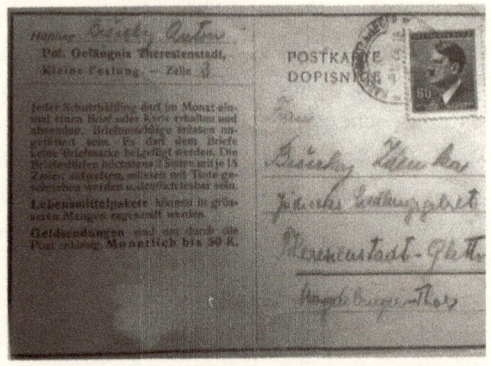

Postkarte aus der »Kleinen Festung« des Ghettos Theresienstadt, 1941

Zďenka Bišická überlebte den Krieg in Theresienstadt, Tonda und Vilda allerdings wurden nach Auschwitz/Monowitz deportiert. Sie arbeiteten hier als Hilfsarbeiter in den Bunawerken/IG Farben. Dann trennten sich die Wege der Brüder: Tonda kam ins KZ Groß-Rosen, dann nach Buchenwald und schließlich ins Konzentrationslager Dachau. Über Vilda weiß ich nur wenig: Sein Weg führte wohl direkt nach Dachau und von dort auf einem Todesmarsch im April 1945 in Richtung Groß-Rosen. Tonda kehrte am 08. Juni 1945 typhuskrank zurück in seine Heimat. Auch Vilda überlebte die Gräuel. Die Deutschen zogen sich aus der Tschechoslowakei zurück, und die Bišickýs kamen wieder nach

Pětikozly. Vilda holte seine geschiedene Frau Libuše, die beiden Töchter und die Schwiegereltern wieder zu sich. Vilda und Libuše heirateten erneut, und alle lebten gemeinsam in der schönen, alten Villa.

Mit den Jahren und der kommunistischen Macht kam die nächste Enteignung und mit den Slánský-Prozessen die Hetze gegen vermeintlich zionistische Verschwörer. Vilda wurde vorgeworfen, Kartoffelkäfer auf den Feldern ausgesetzt zu haben, um die Ernte zu zerstören, und musste 1951 für drei Jahre ins Gefängnis. Danach arbeitete er nur noch als Lager-, Fabrik- oder Feldarbeiter. In der Zwischenzeit hatten die tschechischen Genossen den Wohnraum der Villa auf etliche weitere Familien aufgeteilt, sodass die Bišickýs, die eigentlichen Eigentümer, zu sechst nur noch zwei Zimmer bewohnten.

1962 ertrank bei einem tragischen Unfall Vildas ältere Tochter. Sie stand kurz vor ihrer Hochzeit. Vilda starb 1979, nachdem er sich im Krankenhaus bei einer Prostataoperation mit Hepatitis B infiziert hatte.

Tonda heiratete kurz nach dem Krieg die zwölf Jahre jüngere Helenka, bekam einen Sohn namens Jan, genannt Honza, und zog mit ihnen nach Mährisch-Ostrau. Hier hatte er ein Arbeitsangebot: Er sollte Champignons in offenen Berggruben kultivieren. Sein guter Ruf als Landwirt und Fachmann jeglicher Anbauarten hallte durchs ganze Land. Tonda wurde sogar als potentieller künftiger Agrarminister gehandelt. Doch als die Rassenhetze der Kommunisten begann, Juden in höhergestellten Positionen als zionistische Regierungsgegner verdächtigt wurden und sein Bruder Vilda festgenommen wurde, nahmen die guten Zeiten ein jähes Ende. Tonda gab sein Parteibuch aus voller Überzeugung ab und war seine Stellung los. Die Staatssicherheit schikanierte die Familie. Ständig tauchten die StBler (Státní Bezpečnost) unangekündigt auf und verhörten Tonda und Helenka. Tonda durfte von nun an nur noch Hilfsarbeiten verrichten, für die er absolut überqualifiziert war. Honza, dessen größter Wunsch es war, eines Tages Tiermedizin zu studieren, wurde das Gymnasium verwehrt, er musste auf ein Internat mit landwirtschaftlicher Ausrichtung.

Honza erzählte mir über seinen Papa Tonda, er sei unglaublich loyal, anständig, ehrlich und streng gewesen, er habe keinen Menschen mit mehr Rückgrat gekannt. Außerdem hatte Tonda absolutes Vertrauen in seinen Sohn. Gern erinnerte sich Honza an die Geschichte, als er nach dem Militärdienst, bereits in Prag wohnend, seinen Vater um eine größere Summe Geld bat. Ohne mit der Wimper zu zucken, stieg Tonda in Mährisch-Ostrau in den Zug, brachte Honza das Geld und fragte nicht ein einziges Mal nach dem Grund.

Tonda, Helenka, Honza, 1965

Nach Honzas Emigration in die Bundesrepublik Deutschland, entschlossen sich Helenka und Tonda, nach Prag zu Oma Štěpanka zu ziehen, hier hatten sie eine kleine Chance, ein Visum nach Deutschland zu ergattern, um ihren Sohn besuchen zu können.

Tondas plötzlicher Tod 1974 war für Honza ein schlimmer Schock. Dass er nicht einmal bei der Beerdigung dabei sein konnte, war schier unerträglich. Plötzlich war ihm die Freiheit in Deutschland ein neues Gefängnis.

Recht spät erst fiel meiner Mutter ein, sie müsse Martin und mir auch ein wenig jüdische Identität vermitteln. Da meine Eltern sehr assimiliert in der Tschechoslowakei aufgewachsen waren, kamen sie auch nicht auf die Idee, uns in einen jüdischen Kindergarten oder in die jüdische Grundschule zu schicken. Mit einigen wenigen jüdischen Familien hatten sie sich im Laufe der Jahre aber angefreundet, und diese meinten irgendwann, Martin und ich sollten doch zumindest Kontakte in den Gruppenstunden knüpfen, die an den Wochenenden stattfanden. Es gab das Jugendzentrum der Jüdischen Gemeinde und die ZJD, die Zionistische Jugend Deutschland, in der sich weitestgehend die Jugendlichen selbst leiteten und das Ziel verfolgt wurde, möglichst viele von der Auswanderung nach Israel zu überzeugen.

In die ZJD gingen die meisten Kinder, und so testeten wir das. Martin und ich waren damals elf und dreizehn Jahre alt. Das erste Aufeinandertreffen mit den Kindern in der ZJD war für mich sehr prägend: Sie waren eine feste Gruppe, die sich von klein auf kannte, gemeinsam im jüdischen Kindergarten und in der jüdischen Grundschule war. Außenstehende hatten es nicht leicht, in eine derart zusammengewachsene Gemeinschaft aufgenommen zu werden. Und obendrein schienen die meisten aus sehr situierten Familien zu sein, waren entzückend frisiert und in den angesagten Marken gekleidet. Ich fühlte mich wie ein hässliches Entlein. Als ich mich vorstellte, donnerten mir erst einmal ein paar Jungen die Fragen entgegen: »Du heißt Barbara? Bist du überhaupt jüdisch?« Darüber, dass jüdische Kinder keine Namen wie Martin und Barbara zu tragen haben, hatte ich vorher nie nachgedacht. Es traf mich tief.

In die ZJD ging ich nur sehr kurze Zeit. In einer der letzten Gruppenstunden, die ich dort besuchte, wurden zwei Fragen diskutiert, die wir Kinder vorher jeder für sich auf einem Blatt beantworten sollten: »Was bist du zuerst: Jude, Deutscher oder Mensch?« und »Ein Jude und ein Nichtjude ertrinken. Du kannst nur einen retten. Wen rettest du?« Ich war über die Antworten der meisten und die darauf folgende Diskussion schockiert. Es schien, als stünde ich ziemlich allein da mit meiner Ansicht vom Menschsein und dem Retten eines Menschen und nicht seiner Zugehörigkeit. Das war mir zu viel Gehirnwäsche. Von da an ging ich sonntags ins jüdische Jugendzentrum. Mittlerweile wussten alle, dass ich Jüdin bin, und hier ließen sie mich in ihre geschlossene Gemeinschaft eintreten. Ich fühlte mich angenommen.

Nun hatte ich also zwei Freundeskreise: die nichtjüdischen Kinder aus meiner Schule und die jüdischen aus der Gemeinde. Nirgendwo fühlte ich mich wirklich wohl und hatte vor allem ein Problem damit, die beiden Gruppen zu mischen. Allein meine Kindergeburtstage waren schon eine echte Herausforderung für mich. Die jüdischen Kinder aus der Gemeinde und die nichtjüdischen Kinder aus der Schule miteinander zu verbinden, schien mir fast unmöglich. Die jüdischen Kinder waren in meinen Augen verwöhnt und arrogant. So verschlossen wie sie wollte ich nicht sein. So wie die Kinder aus meiner Schule würde ich aber auch nie sein. Und keine der beiden Gruppen sollte mich der anderen zuordnen. Ich wollte weder ein verwöhntes jüdisches »Ghettokind« noch eine gänzlich deutsche Deutsche sein.

In der Grundschule hatte ich zunächst mit einem anderen »Anderssein« zu kämpfen. Ich wollte so sein wie meine Mitschüler und beobachtete sie haargenau. Das gerollte R entlarvte mich schließlich als Ausländerin. Also trainierte ich mir täglich nach der Schule vor dem Spiegel das slawische »R« ab. Ohne meinen Nachnamen Bišický hätte niemals jemand geahnt, dass ich aus einer Ausländerfamilie komme. Dieses Problem hatte ich also beseitigt.

Zu Hause hieß es: »Du weißt nie, was die hinter geschlossener Tür über uns (Juden) reden. Und das willst du besser auch gar nicht wissen.« Es gab tatsächlich Momente, in denen mir das bewusst wurde. Mit meinem Bruder und vier anderen Kindern in unterschiedlichen Klassenstufen waren wir die einzigen Juden in einer Schule von etwa 1500 Schülern und somit eine extreme Minderheit. Es hatte durchaus auch etwas Gutes: Ich war anders, ohne dass es offensichtlich war. Und trotzdem wusste und kannte ich Dinge, die sonst niemand kannte. Durch meinen Bezug zum Osten und meine religiöse Zugehörigkeit hatte ich einen größeren emotionalen Zugang zur neueren deutschen Geschichte. Andere wussten mehr, aber ich spürte und kannte die Dinge auf einer anderen Ebene.

Ein Gefühl – das ist es, was das Judentum bis heute für mich ausmacht. Ich kenne wenige Bräuche, habe nie religiös gelebt oder religiöse Schriften gelesen. Ich fühle die Geschichte, die Zugehörigkeit und auch die familiäre Tradition, die ab und zu auch eine schwere Last sein können.

Natürlich haben wir in unserer kleinen eingeschworenen Gemeinde auch manchmal Nutzen aus unserem Anderssein gezogen: Und so gingen viele von uns Jugendlichen brav in den letzten zwei Schuljahren in die Synagoge zum Religionsunterricht. Jüdische Religion als mündliches Prüfungsfach im Abitur war damals eigentlich »idiotensicher«. Zur Prüfung holte ich meinen damals schon sehr alten Lehrer zu Hause ab und fuhr ihn zu meinem Gymnasium. Unterwegs fragte er nur, wie viele Punkte ich denn brauche. Ich antwortete ganz verschämt: »Na ja, elf wären toll.« Die mündliche Prüfung dauerte in der Regel 20 Minuten und wurde normalerweise von zwei bis drei anderen schulinternen Prüfern besucht.

Als ich in den Prüfungsraum kam, waren aber so ziemlich alle Religions- und Ethiklehrer meines Gymnasiums versammelt und freuten sich auf eine Prüfung ganz besonderer, vielleicht sogar exotischer Art. In meinem Fall dauerte diese 45 Minuten, und ich fühlte mich wie im Schwitzkasten. Am schlimmsten war die letzte Frage meines Religionslehrers: »Barbaaara, noch eines ... Wenn du Kinder hättest, in welchen Unterricht würdest du sie schicken: Ethik oder Religion?« Ich blickte durch die Runde. Etwa gleich viele Ethik- beziehungsweise Religionslehrer schauten erwartungsvoll zu mir. Stille. Der Raum war so voll und es war eine solche Hitze, dass ich kaum atmen konnte. Was war die richtige Antwort? Welche würde mir möglicherweise die nötige Punktzahl für meinen gewünschten Notendurchschnitt bescheren? Ich holte tief Luft und setzte an: »Wissen Sie, da ich von zu Hause eigentlich keine religiösen Riten und Bräuche kennengelernt habe, aber durchaus mit einigen moralisch-ethischen Werten konfrontiert wurde, glaube ich, dass ich meine Kinder in den Religionsunterricht schicken würde. Religion kann ich bestimmt nicht so gut selbst vermitteln.« Mein Religionslehrer lächelte zufrieden. Dieser Schwitzkasten brachte mir schlussendlich 14 Punkte ein. Heute holt kein jüdischer Abiturient mehr seinen Lehrer zu Hause ab.

Ein religiöses Leben fand in meiner Familie quasi nicht statt, wir kannten keine jüdischen Feiertage. Aus der gewohnten Tradition meiner tschechischen Eltern zelebrierten wir eben lediglich den christlichen Heiligabend. Als wir ein wenig älter waren, freundete sich mein Bruder mit Thomas, einem jüdischen Jungen aus einer ebenso assimilierten, aber ungarisch stämmigen Familie an. Dort wurden genauso gern Schinken, Salami und andere Schweinereien gegessen wie bei uns. Schnell waren alle Familienmitglieder miteinander verbunden, und wir begannen die hohen jüdischen Feiertage gemeinsam zu begehen, auf unsere sehr eigene unreligiöse Art. Da Thomas eine Zeit lang auf einem jüdischen Internat in England war, wusste er wenigstens halbwegs, wie man betet. Also wurde nun über dem äußerst unkoscheren Sahnebraten und den Melonenstücken mit Parmaschinken zumindest eine Bracha, ein Segensspruch, gehalten. Man wird es uns da oben hoffentlich nachsehen.

Mit echtem Antisemitismus kam ich in der Schule nicht in Berührung. Aber da war immer etwas in der Luft, eine Art Habachtstellung, eine Sensibilität für Worte, Blicke, Taten. Bis heute gibt es Worte, bei denen ich sofort grundlos hellhörig werde. Beispielsweise Zug, Eisenbahn, Waggon, Gas, Reichstag, Rampe, Transport u.v.m. – harmlose Worte, die in vollkommen anderem Kontext stehen können und mir dennoch einen Schauer über den Rücken jagen. Ein Bekannter erzählte mir neulich, er habe sich ein kleines Häuschen in einer bayrischen Ortschaft gekauft, wolle dort zwar alt werden, aber lieber nicht so viel Kontakt zu den anderen Dorfbewohnern haben. Ich wunderte mich. Da erklärte er mir: »Schau, ich habe an meiner Fassade gearbeitet. Da kam eine ältere Dame vorbei, wollte nett sein und sagte: Arbeit macht frei, nicht?«

Diese Sprüche sitzen tief und sind meist nicht so gemeint, wie sie klingen. Aber sie klingen nun einmal nach.

In der fünften Klasse fragte mich ein Mitschüler, mit dem ich wöchentlich Freistunden im Hof verbrachte, da wir vom Religionsunterricht befreit waren, warum ich denn nicht in Reli ginge. Ich antwortete: »Weil ich Jüdin bin.« Er schaute mich vollkommen erstaunt an und sagte: »Echt? Du siehst aber gar nicht so aus!« Diesen Spruch hörte ich später noch öfter. Die jüdischen Kinder glaubten zunächst nicht, dass ich Jüdin sei, wegen meines christlichen Namens, und die nichtjüdischen Kinder glaubten es nicht, weil ich doch »einfach nicht so aussah«.

Im Geschichtsunterricht warf mir einmal meine Lehrerin vor: »Barbara, wieso sprichst du kein Hebräisch? Du bist doch Jüdin!« Keiner reagierte. Nach der Stunde ging ich zu ihr und fragte, was sie damit meine. Sie erklärte mir, alle Juden müssten Hebräisch können, es sei ja schließlich die Sprache der alten Schriften. Daraufhin fragte ich sie, ob denn dann alle Christen auch Griechisch, Hebräisch oder vielleicht Latein können müssen. Sie schaute mich wortlos an. Da die Bibel in Hebräisch, Aramäisch und Griechisch geschrieben wurde und seit über 2000 Jahren nicht mehr nur das Buch der Juden ist, hatte sie wohl keine schlüssige Antwort.

In der zwölften Klasse behandelten wir in Gesellschaftskunde die Zeit des Naziregimes und der Lehrer bemerkte, der Großteil aller Deutschen habe nichts von der Judenverfolgung gewusst, nichts mitbekommen. Keinen in der Klasse störte dieser Satz. Keiner muckte auf. Da stand er nun, dieser Satz, und möglicherweise war er einigen sogar angenehm. Nach ein paar Sekunden, für mich eine gefühlte Ewigkeit, meldete ich mich und sagte: »Entschuldigen Sie, Herr Leuch, aber das kann man doch so nicht stehen lassen!« Er würgte die Diskussion schnell ab und ging weiter im Lehrplan. Nach dem Unterricht kam eine Mitschülerin auf mich zu und meinte nur: »Du immer mit deinem Judentum. Langsam reicht's. Das nervt.«

Ich hatte immer das Gefühl, extrem liberal erzogen worden zu sein, und war der Ansicht, tolerant und weltoffen durchs Leben zu gehen. Meinen Eltern war es angeblich gleich, wen ich heiraten würde – Hauptsache, ich werde glücklich. Ich glaube es ihnen sogar. Aber im Nachhinein weiß ich, dass ich wahrscheinlich niemals einen nichtjüdischen Mann geheiratet hätte. Da gab es nämlich immer diesen Zusatz in der Liberalität meiner Familie: »Du solltest halt nur in Erwägung ziehen, Bára, wie viel weniger Probleme du mit einem Mann haben wirst, der den gleichen Hintergrund hat wie du. Keine Diskussionen um Erziehung etc.« Oder: »In jeder Ehe wird gestritten. Das passiert halt. Und du möchtest nie in die Situation kommen, dass dein Mann dich im Affekt einmal als Jüdin beschimpft.«

Außerdem war da natürlich im Hinterkopf der Gedanke daran, neben wem ich meine Großeltern da an einem Hochzeitstisch platzieren könnte. Es wäre mir sicher schwer gefallen, sie an einen Tisch mit gleichaltrigen nichtjüdischen Deutschen zu setzen, von denen ich nicht gewusst hätte, was sie zu der Zeit, als meine Großeltern in Lagern waren oder sich versteckten, getan haben. Helenka hätte es bestimmt mit Fassung getragen und noch nicht einmal hinterfragt. Sie ist wohl die einzig wirklich tolerante Person in meiner Familie gewesen, trotz aller Erfahrung. Ich aber hätte die Vergangenheit mit Sicherheit innerlich hinterfragt und mich schuldig gefühlt.

Ein guter Freund sagte einmal über seinen Opa, der ein notorischer Fremdgeher war, das sei eine Reaktion auf den Krieg. Die Seitensprünge seines Großvaters seien eine unterbewusste Rache an den Deutschen gewesen. Mit deutschen Frauen zu schlafen sei wohl eine Art Wiedergutmachung. Im ersten Moment erschien mir das recht plausibel, denn auch mein Opa Mirek konnte die Finger nicht von anderen Frauen lassen. Aber letztendlich ist das eine an den Haaren herbeigezogene Rechtfertigung. Der Krieg spielte sicher eine Rolle, aber wohl eher im Sinne des »sich Spürens«, der Flucht vor der Kälte des Heims, vor der Gefühllosigkeit und der Abgestumpftheit. So schätze ich es jedenfalls bei Mirek ein.

Mirek

Gemischtwarenladen Zeimer, Hostouň, 1910

Mein Opa Mirek kam am 14. Mai 1920 in einem tschechischen Ort namens Libáň auf die Welt, einer kleinen Stadt mit einer Zucker- und einer Tabakfabrik. Er war das jüngste von vier Kindern. Seine Mutter Anna war zum Zeitpunkt seiner Geburt bereits 35 Jahre alt, für diese Zeit also keine junge Frau mehr. Sein ganzes Leben lang sprach Mirek von seiner unglaublich geliebten Mutter, mit der er später alle anderen Frauen verglich. Kurz nach Mireks Geburt zog die Familie in die kleine Stadt Hostouň, wo die Eltern dann ein schlecht laufendes Gemischtwarengeschäft besaßen. Finanziell kamen sie immer nur gerade so über die Runden, sie waren eine arme Familie ohne Bildungshintergrund. Als Mirek erst sechs Jahre alt war, starb sein Vater an Herzversagen. Die Mutter brachte die Kinder nur mit Müh' und Not durch. Mirek ging bereits als kleiner Junge – seine Geschwister waren alle schon ausgezogen – ganz alleine nach Prag, um dort in einem jüdischen Waisenhaus zu leben. Anders hätten sie es finanziell nicht geschafft. Mit vierzehn Jahren machte er eine Lehre als

Arrangeur und Textilkaufmann bei der Firma Efraim Löbl, später arbeitete er in einem florierenden jüdischen Großunternehmen, der Firma Aschermann.

In Prag erglühte seine Überzeugung vom Kommunismus, und so trat er einer kommunistischen Jugendorganisation bei. Hier lernte Mirek seinen besten Freund Ota Šik, 1968 stellvertretender tschechischer Ministerpräsident unter Dubček und dann renommierter Wirtschaftsprofessor in St. Gallen, kennen. Die beiden zogen gemeinsam in eine kleine Wohnung. Mirek holte seine Mutter hinzu und kümmerte sich immer besonders aufopfernd um sie. 1940 übernahmen die Deutschen die Firma Aschermann und setzten alle jüdischen Mitarbeiter auf die Straße. Von nun an ernährte Mirek sich und seine Mutter mit Aushilfsjobs in der Landwirtschaft.

1941 erfolgte dann der Abtransport nach Theresienstadt. Miroslav war sehr geschickt und sportlich, und so arbeitete er dort als Elektriker und war Mitglied der Fußballmannschaft »Liga Terezín«. Das Lager Theresienstadt rühmte sich, seine Insassen vorbildlich zu behandeln, und galt als das Vorzeigelager der Nazis. Es wurden Propagandafilme gedreht, in denen ein wunderbar harmonisches, friedvolles und zufriedenes Leben im Lager vorgegaukelt wurde. Schließlich hatten die Häftlinge ein Orchester, organisierten Theateraufführungen und spielten Fußball. In den Filmen bekam man fast den Eindruck eines netten Landheims. Das war ein Paradebeispiel der Nazipropaganda. Irgendwie gelang es Mirek, seine Registrierkarte und die seiner Mutter verschwinden zu lassen, sodass die beiden quasi anonym in Theresienstadt waren und möglicherweise den ganzen Krieg über unerkannt hätten überleben können. Anna aber, die zur Feldarbeit eingeteilt war, schmuggelte für ihren Sohn Mirek eine Kartoffel ins Lager. Sie wurde erwischt und dem nächsten Transport nach Auschwitz zugewiesen. Mirek hätte seine über alles geliebte Mutter niemals allein gehen lassen, und so meldete er sich ebenfalls zum Transport.

»Liga Terezín«, Mannschaft Elektriker, Lager Theresienstadt,
Mirek (stehend ganz rechts), 1942

In Ausschwitz erfuhren beide zunächst, dass Jindřiška und E-milie, Mireks Schwestern, mitsamt ihren Kindern und Ehemännern vergast worden waren.

Mireks Arbeit wurde das Schleppen von Steinen. Zunächst sollten die Steine die Lagerstraße pflastern. Als diese jedoch im Schlamm des Weges versanken und es sogar den Wärtern offensichtlich wurde, dass es unmöglich war, hier eine Straße zu bauen, mussten die Männer die Steine von einem Haufen auf den anderen schleppen – und wieder zurück.

Es war sehr hart für Mirek, aber sein Lebenswille war immer stärker, vor allem die Sorge um seine Mutter hielt ihn am Leben. Das Frauenlager war durch einen Zaun von den Männern getrennt. Ein Freund organisierte für Mirek und seine Mama ein Treffen. Als Anna sich zum vereinbarten Zeitpunkt dem Zaun und damit ihrem Sohn näherte, traf sie eine Kugel in den Rücken und sie starb vor Mireks Augen. Von dem Tag an wartete er nur noch auf die Gaskammer. Doch es kam anders.

Nachdem Mireks Freund Viťeslav Lederer mithilfe des SS-Unterscharführers Viktor Pestek die Flucht aus Auschwitz gelungen war, wurde Mirek furchtbaren Verhören unterzogen. Mehrfach musste er eine Schale mit schwarzer Flüssigkeit austrinken und bekam Injektionen ins Rückgrat. Die Flüssigkeit war, wie er später erfuhr, die Droge Meskalin und verursachte grauenvolle Halluzinationen. Er wurde immer schwächer, doch die Verhöre gingen weiter. Er blieb standhaft. Zwischen den einzelnen Verhören wurde er immer wieder nackt vor den Block geworfen. Nach fünf Tagen brachte man ihn zurück ins Lager. Wieder musste er Steine schleppen.

Im Juli 1944 wurde Mirek, zusammen mit 1000 Mithäftlingen, in einem offenen Lieferwaggon zur Zwangsarbeit ins KZ-Außenlager Schwarzheide (Zweigstelle Sachsenhausen) transportiert. Die Häftlinge sollten nach den Bombardements der Alliierten Wiederaufbauarbeit leisten.

Von dort wiederum schickte man die Männer am 18. April 1945 auf einen Todesmarsch in Richtung Warnsdorf in Böhmen, um von dort weiter nach Theresienstadt zu laufen. Ein Häftling nach dem anderen starb unterwegs an Hunger und Erschöpfung oder wurde einfach erschossen. Bei Leitmeritz (Litoměřice), wenige Kilometer vor Theresienstadt entfernt, flüchteten die letzten Soldaten, die den Hungermarsch noch bewachten. Die letzten vier Kilometer nach Theresienstadt schleppte sich Mirek also als freier Mann.

Das Ziel erreichte gerade einmal ein Drittel der Männer. Mirek wog bei seiner Ankunft 38 kg.

COMITÉ INTERNATIONAL DE LA CROIX-ROUGE

SERVICE INTERNATIONAL DE RECHERCHES
3548 Arolsen · République fédérale d'Allemagne

INTERNATIONAL TRACING SERVICE
3548 Arolsen · Federal Republic of Germany

INTERNATIONALER SUCHDIENST
3548 Arolsen · Bundesrepublik Deutschland

SE.

Téléphone: Arolsen 434 · Télégrammes: 115 Arolsen

Arolsen, den 1.März 1968

Au Comité international
de la Croix-Rouge

G E N E V E

Unser Zeichen	Ihr Zeichen	Ihr Schreiben vom
T/D- 746 190	Med.Vers. 547	28.Februar 1966
	Note No. 1.485	

<u>Betrifft</u>: ZEIMER, Miroslav, geboren am 14.Mai 1920 in Liban Bez.Jicin.
Unsere Inhaftierungsbescheinigung vom 30.3.1966.

Mit unserem heutigen Schreiben möchten wir auf Ihre Anfrage vom 28.Februar 1966, sowie auf unsere daraufhin erteilte Inhaftierungsbescheinigung vom 30.März 1966 zurückkommen.

Zu Ihrer Information teilen wir Ihnen mit, daß der Internationale Suchdienst in letzter Zeit eine Anzahl Transportlisten des Ghettos Theresienstadt erhalten hat.

Nach Auswertung dieser Unterlagen haben wir für den Obengenannten noch folgende Informationen festgestellt.

ZEIMER, Miroslav, geboren am 14.Mai 1920, Beruf:
Arrangeur,
wurde am 10.Dezember 1941 von der Gestapo Prag
mit Transport Nr. 302/L in das Ghetto Theresienstadt eingeliefert, und von dort am 18.Dezember 1943
mit Transport "Dr" zum KL-Auschwitz überstellt.
Kategorie oder Grund für die Inhaftierung: "Jude"

<u>Geprüfte Unterlagen</u>: Transportlisten des Ghettos
Theresienstadt.

A. de Cocatrix
Stellvertr. Direktor

Eine Auskunft über das Rote Kreuz, 1968

76

Nach der Lagerbefreiung kehrte er zurück nach Prag. Mireks Bruder Karel ist es gelungen, aus Theresienstadt zu fliehen und überlebte den Krieg bei seiner nichtjüdischen Ehefrau Miluška, die ihn in der Couch versteckt hielt, während sie die gemeinsame Tochter Jana, die 1943 geboren worden war, umsorgte. Die beiden Brüder Mirek und Karel waren die einzigen Überlebenden der gesamten Familie Zeimer.

In Prag bekam Mirek eine kleine Wohnung zugewiesen und hangelte sich zunächst von Stelle zu Stelle. Als Vertreter der Textilfirma Mikula kam er eines Tages ins Geschäft der Familie Kraus. Das leitete mittlerweile die zwanzigjährige Tochter Eva. Ihr Vater war nicht zurückgekehrt, ihre sechzehnjährige Schwester Hanka zu jung und traumatisiert und ihre Mutter nach Kriegsende für zweieinhalb Jahre zur Kur gefahren. Eva und Mirek verliebten sich ineinander und heirateten kurze Zeit darauf in bereits freudiger Erwartung einer Tochter, meiner Mutter.

Die Suche nach Halt und einer Familie, die gemeinsame Vergangenheit und Religionszugehörigkeit waren wohl der wichtigste Grund für diese Verbindung. Da spielten die unterschiedlichen politischen Einstellungen, Bildungsgrade und finanzielle wie kulturelle Hintergründe eine sehr untergeordnete Rolle. Später allerdings waren gerade diese Dinge immer Thema ihrer Auseinandersetzungen.

Als 1952 in der Tschechoslowakei die Hetzjagd auf »zionistische Verschwörer« begann, verloren viele Juden ihre Stelle. So auch Mirek, der zu der Zeit bei Jawa, einem Motorradhersteller, an der Drehbank arbeitete. Durch glückliche Umstände konnte Mirek 1953 die Leitung der Drutěva, eine Genossenschaftsfabrik körperlich behinderter Menschen, übernehmen. Damals waren hier etwa 40 bis 50 Mitarbeiter beschäftigt. Mirek stellte einige der Frauen an, deren Männer Opfer der antizionistischen Hetzjagd geworden waren. Dabei mussten sie natürlich verschleiern, dass sie Jüdinnen waren, oder von zu Hause arbeiten. Eine

Bescheinigung für eine körperliche Behinderung bekamen die Frauen problemlos. Die traumatischen und körperlich belastenden Erlebnisse der Kriegszeit hatten tiefe Narben hinterlassen. Mirek Zeimer brachte die Fabrik zum Florieren und machte sich einen angesehenen Namen in Prag. Die Fabrik wuchs auf etwa 2000 Mitarbeiter an und er war der Genosse Direktor.

Seine kommunistische Überzeugung begann zu bröckeln, aus der Partei trat er trotzdem nicht aus. Die tschechischen Genossen stellten Mirek immer wieder vor die Wahl: Entweder er bliebe in der Partei oder er könne Landarbeit verrichten. Er war zu dieser Zeit krank: Sein Herz war schwach und er litt unter schwerem Asthma. Trotzdem rauchte er täglich etwa 60 Zigaretten.

Mirek, der Genosse Direktor (Mitte), 1963

Seine Überzeugung vom Regime war – wie bei den meisten Juden – schon längst nicht mehr felsenfest, schon gar nicht nach diesem Ultimatum. Dennoch blieb er der Drutěva und somit seiner Parteimitgliedschaft treu. Am 21. August 1968 marschierten die Russen in Prag ein. Der sogenannte »Prager Frühling« nahm seinen Lauf. Kein gewissenhafter, intelligenter Mensch konnte jetzt noch aus Überzeugung dem Kommunismus anhängen.

Nur einen Tag darauf kam Kača, die damals beste Freundin von Zuzka, mit ihrer Mutter zu Mirek und Eva. Die Mutter von Kača war zu der Zeit Nachrichtenmoderatorin im tschechoslowakischen Fernsehen (Československá Televize). Sie erklärte, sie werde ab sofort nur noch aus dem Untergrund senden können und habe schreckliche Angst um ihre Tochter. Von nun an sei im Land alles ungewiss. Sie bat Mirek, ob er Kača nicht verstecken und möglicherweise sogar Ausreisepapiere für sie beschaffen könne. Mirek gelang es, Papiere für Káča, Zuzka und – unter Zuzkas Druck – auch für ihren damaligen Freund Pepík zu besorgen. Schon zwei Tage darauf brachte er seine Tochter und ihre Freunde schweren Herzens zum Zug. Zuzka war sein Ein und Alles. Zum Abschied drückte er ihr einen Umschlag in die Hand, darin waren die gesamten Valuten, die er in den vergangenen Jahrzehnten hatte ansparen und verstecken können. Etwa 20 DM, 35 Pfund, 15 Franc etc. – kleine Summen, die aber sehr viel bedeuteten, vor allem ein winziges Gefühl von Freiheit und westlicher Welt. Mirek weinte bitterlich, drückte seine Tochter und sagte: »Falls wir uns nie wiedersehen, wünsche ich dir ein schönes Leben.«

Die Ehe meiner Großeltern Eva und Mirek war für beide eine Art Abhängigkeit. Schmerz, Abgestumpftheit und gegenseitige Erniedrigung bestimmten das Zusammenleben. Ich erinnere mich an keine einzige Berührung zwischen den beiden. Getrennte Schlafzimmer, klassische Rollenaufteilung und Kälte schienen diese Beziehung auszumachen. Am 24. April 1992, dem 45. Geburtstag von Zuzka, erlitten meine Großeltern einen schweren Autounfall, der den Anfang vom Ende abzeichnete. Eva lag drei Wochen lang im künstlichen Koma. Ihr Brustkorb war eingedrückt und ihre ohnehin schon sehr angegriffene Lunge lahmgelegt. Eva war nicht mehr in der Lage, selbstständig zu atmen.

Zeit ihres Lebens ist sie eine sehr starke Raucherin gewesen. Niemals hatte sie den Wunsch geäußert, das Rauchen aufzugeben – das war keine Option in ihrem Lebenskonzept. Sie trank gern Sekt, Wein oder Cognac, rauchte wie ein Schlot, aß wenig und trieb selbstverständlich auch keinen Sport. Im Grunde war es die systematische Zerstörung ihres wunderschönen Körpers. Ihr Argument aber war unschlagbar: Sie ist davon überzeugt gewesen, dass Zigaretten ihr das Leben gerettet haben.

Als die Engländer im April 1945 Bergen-Belsen befreit hatten, bekamen die Insassen nach und nach wieder feste Nahrung. Eva aber interessierte sich nicht für das Essen, sondern tauschte ihre Lebensmittelration gegen Zigaretten ein. Weil einige, nach den Jahren der Entbehrung, das Essen nicht verkrafteten, starben sie letztendlich doch noch nach der Befreiung. Eva war sicher: Zigaretten retteten ihr das Leben, und so rauchte sie fortan ein bis zwei Päckchen täglich.

Im künstlichen Koma nach dem Autounfall muss sie dem Tod sehr nahe gewesen sein, denn später erzählte sie, wie sie mit vielen anderen an der Decke des Zimmers schwebte und einer nach dem anderen hinunterfiel. Sie aber blieb oben. Ich glaube, insgeheim wünschte sie sich oft, auch eine der Gefallenen gewesen zu sein.

Eva hat nie von ihrer Lagerzeit erzählt, als sie aber im Krankenhaus nach dem künstlichen Koma wieder zu sich kam, bestand sie darauf, nicht von einem bestimmten Pfleger betreut zu werden. Sie sah in ihm einen SS-Mann und fühlte sich furchtbar bedroht.

Es scheint verrückt, aber auf die Neurosen, die bei meinen Verwandten als Folge des Erlebten im Alltag sichtbar waren, war ich irgendwie ein bisschen stolz. Vielleicht aus Wichtigtuerei, vielleicht war ich aber auch einfach dankbar für den offensichtlichen Beweis des Traumas.

Meine Oma Helenka beispielsweise war immer so unglaublich ordentlich, dass man ein Lineal an ihre nach Farben sortierten Kleiderstapel hätte legen können. Außerdem war sie ein echter Hypochonder und glaubte bei jedem Husten, Kopfschmerz oder Zehjucken sofort an das Schlimmste und rannte zum Arzt. Jedes Mal vermutete sie ein »Bububu« – das Wort Krebs hätte sie niemals ausgesprochen, »Bububu« war ihr geheimes Synonym. Ärzte waren ihr heilig, was auch immer der Mann oder die Frau in Weiß sagte, es musste stimmen. So ist sie leider nie in der Lage gewesen, ihr Leben zu genießen. Das kleinste Stück Torte versagte sie sich aufgrund ihres leicht erhöhten Blutzuckerspiegels, und sie legte sich wegen jedes kleinen Husterchens sofort für einige Tage ins Bett.

Evas Schwester Hanka war das absolute Paradebeispiel für Nachkriegsneurosen: Sie hortete nicht nur – natürlich schon völlig verschimmeltes – Brot in ihrem Schrank, auf dem Balkon, unter dem Sofa und in Koffern, sondern auch kleine Geschenke wie Parfüms, Seifen, Duschgel, Cremes etc. Die Schränke waren vollgestopft mit dem Zeug, und möglicherweise war es nicht auf ganz legale Weise da hinein gelangt. Sie war Kleptomanin: Kleinigkeiten, die nicht niet- und nagelfest waren, landeten in ihren Manteltaschen. Die meisten Dinge verschenkte sie. Sie war wirklich sehr speziell. Nahezu ihren gesamten Schmuck, den sie besaß, trug sie täglich am Körper – bis zu zwanzig Ketten, Armbänder und Ringe schleppte sie mit sich herum. Es muss ein irrsinniges Gewicht gewesen sein, das diese Frau, die durch ihre Bulimie zeitweise auch noch extrem dünn war, mit sich herumtrug. Sie hatte die wohl am stärksten ausgeprägte Essstörung in unserer Familie, denn ihr Gewicht konnte um 50 Kilo schwanken. In einer Phase stopfte sie alles in sich hinein und in der nächsten erbrach sie alles wieder. Ich sah sie nicht oft, da sie in Kanada lebte, aber jedes Treffen mit ihr war skurril. Hundertmal konnte sie die Worte »I love you« wiederholen und uns ununterbrochen küssen und lobpreisen. Sie war unsere verrückte Tante aus Toronto – eine einzige wandelnde Neurose.

Tonča und Hanka, 1988

Träume

Im Gegensatz zu den meisten anderen Menschen mochte ich meine Schulzeit nie besonders. Ich hatte keine feste Clique und keinen großen Spaß an den Pausen. Bestimmt war ich nicht unbeliebt, aber dennoch waren da immer Zweifel. Ich wusste auch nie sicher, wo denn meine Begabungen lagen. In den Naturwissenschaften war ich ziemlich mies und rutschte überall nur mit viel Glück und Spicken durch, Sport und Kunst lagen mir überhaupt nicht, nur in den Sprachen kam ich einigermaßen zurecht. Was ich nach meinem Abitur machen würde, war also vollkommen unklar. Einerseits war da der Kindheitstraum, Schauspielerin zu werden, und andererseits die große Unsicherheit, ob ich überhaupt Talent dazu hätte. Ich kann mich nicht erinnern, dass es auch nur eine Person gegeben hätte, die mich in meinem Wunsch bestärkt hat. Die Signale, wie ich sie deutete, waren eher Skepsis oder Zweideutigkeit.

Meine Mutter sah mich in der Medienlandschaft. Honza äußerte sich nicht so recht dazu. Er meinte nur, Journalismus könne interessant für mich sein, wiederholte aber nachdrücklich, ich sei doch sowieso die geborene Hausfrau und Mutter.

Ich bewarb mich zunächst, auf Drängen meiner Mutter natürlich, für ein Praktikum in einer Münchner Produktionsfirma, deren Inhaber slowakische Juden waren. So war es nicht so schwierig, diesen Platz zu ergattern, denn unter Minderheiten hilft man sich. Das Abitur in der Tasche und die Sommerferien hinter mir, begab ich mich also auf den Weg nach München.

Ich wohnte in einer entzückenden, perfekt gelegenen Einzimmerwohnung im Stadtteil Schwabing. Die Wohnung hatte mir, wie sollte es auch anders sein, meine Mutter organisiert. Als sie im Israelurlaub am Strand gelegen hatte, ergab sich ein Gespräch mit einer Münchner Mutter, deren Tochter genau für meine Praktikumszeit ins Ausland ging. Ich musste mich um nichts kümmern, fuhr den alten Golf meiner Oma, und die Wohnung war komplett eingerichtet. Ein leichtes Leben.

Die Redaktion der Sendung »Herzblatt«, der erfolgreichsten Datingshow dieser Zeit, war mein neuer Arbeitsplatz. Anscheinend machte ich mich ganz gut, denn nach der zweimonatigen Praktikumszeit wurde ich als freie Mitarbeiterin übernommen und verlängerte meine Münchner Zeit um weitere vier Monate.

So richtig zu Hause fühlte ich mich in München nie, ich mochte die Stadt nicht einmal besonders. Aber genau genommen ließ ich mich auch nie mit ganzem Herzen auf sie ein. Vorurteile über die versnobten Menschen in Cabrios und mit schicken Markenklamotten machten sich in mir breit. Und die Architektur weckte in mir stets die Assoziation zum »Dritten Reich«. München schien mir, im Vergleich zu Frankfurt, wie eine Großstadt mit Dorfcharakter, Frankfurt hingegen wie ein Dorf mit Großstadtflair. Ich war also nicht unglücklich, als meine Zeit dort zu Ende ging.

Zurück in Frankfurt, bewarb ich mich an einigen Schauspielschulen zum Vorsprechen. Allerdings klangen mir immer wieder Sibylles Worte im Ohr: »Ein echter Schauspieler hat keine andere Option als das Theater. Er MÖCHTE nicht Schauspieler werden, sondern er MUSS es.« Mein Wunsch hatte nicht diese Stärke, dieses Absolute – zu groß war meine Unsicherheit. Ich hatte mir lediglich vorgenommen, ungeachtet des Mangels an Talent, wenigstens einen Versuch zu starten, an einer Schauspielschule angenommen zu werden. So könnte ich mir später keinen Vorwurf über vergebene Möglichkeiten machen. »Talent habe ich nicht, aber probieren muss ich es für mein Gewissen.« Dieser Gedanke war eine ziemlich schlechte Voraussetzung, um einen Traum zu verwirklichen. Ein Funken Hoffnung war trotzdem da.

Mit Sibylle, der Leiterin meiner Theatergruppe, bereitete ich meine Monologe vor. Ich denke nicht, dass sie auch nur kurz an meinen Erfolg geglaubt hat. Im Grunde genommen schämte ich mich für meinen Wunsch, Schauspielerin zu werden, vor ihr. Ich bildete mir ein, sie fände meine Idee lächerlich und dächte, dass ein Mädchen aus so behütetem Elternhaus, wie ich es war, vermeintlich frei von schlechten Erfahrungen und Traumata, nicht die emotionale Tiefe und Erfahrung haben könnte, künstlerisch zu arbeiten.

Das Vorsprechen war jedes Mal der Horror: Hunderte hoffnungsvoller junger Menschen warteten auf ihre Chance, und das Warten war der Hauptbestandteil der Tortur. In München, Bochum, Hamburg, Salzburg, Frankfurt und Wien sprach ich vor. Wir Bewerber saßen auf den Fluren, den Treppen und wo man sonst noch so Platz fand. Unglaublich viele junge Menschen mit demselben Traum. Ich war vollkommen ernüchtert.

Ein Vorsprechen läuft so ab, dass man mindestens drei selbstgewählte Monologe vorbereitet und diese dann vorspricht. Wenn man Glück hat, kommt man über wenige Sätze hinaus und darf vielleicht sogar eine zweite oder gar dritte Rolle vorsprechen. Übersteht man diese Runde, geht es in die zweite und dann womöglich in die dritte. Im Grunde genommen ist es wie in einer Castingshow. Die gab es aber damals noch nicht. Der Tenor der meisten Feedbacks war, ich solle es in einem Jahr noch einmal versuchen. Es sei zu äußerlich, und ich solle das mit dem Werbesprechen für Tonstudios, womit ich mir seit Jahren etwas dazuverdiente, vielleicht lieber lassen, denn das fördere das Äußerliche. Ich fühlte mich bestätigt: Kinder, die wie ich nichts Schreckliches erlebt haben, sind einfach in ihrer Persönlichkeit uninteressant und zu oberflächlich.

In Wien habe ich nicht nur am Reinhardt-Seminar vorgesprochen, sondern aus Versehen auch an einer privaten Schauspielschule. Die wollten mich dort sofort, telefonierten mir sogar hinterher. Das machte mich allerdings extrem skeptisch. Wenn mich die staatlichen Schulen nicht wollten, so taugte eine private, die mir hinterher telefoniert, bestimmt nichts, davon war ich überzeugt.

Die prüfenden Lehrer der staatlichen Schauspielschulen waren teilweise sehr hart zu den Bewerbern. So sagte einer in Hamburg zu einem Mädchen: »Werden Sie lieber Sekretärin, das fängt auch mit S an!« Heute sind die jungen Leute an Dieter Bohlen gewöhnt und vielleicht ein bisschen härter im Nehmen. Für mich war es damals wirklich schwer.

In Bochum wartete ich Stunden auf ein Gespräch mit den Prüfern, die sich tatsächlich die Zeit nahmen, jedem zu erklären, warum er oder sie nicht in die zweite Bewerbungsrunde kam. Ich wusste also bereits, dass ich nicht weitergekommen war, und wartete vier Stunden, bis ich mir ein Feedback abholen konnte. Ich ging hinein und stellte mich auf die Bühne.

Vor mir saßen drei Professoren, von denen nur einer redete, und zwar in einem in höchstem Maße unangenehmen Ton: »Also, Frau Bi...s i c k y, Sie haben uns hier eine Vorstellung geliefert. Das wissen Sie schon, oder?« Ich antwortete: »Nein, entschuldigen Sie, ich weiß nicht genau, was Sie meinen.« »Na ja, Sie haben halt d-e-k-l-a-m-i-e-r-t!!!« Ich war vollkommen verunsichert und fragte: »Ich weiß leider nicht, was »deklamieren« heißt. Könnten Sie mir das bitte erklären?« Sein Ton wurde noch lauter und schärfer: »Wie alt sind Sie?« »Ich bin zwanzig.« Und dann steigerte er sich in ein Gebrüll: »Sie sind zwanzig, haben Abitur gemacht, wollen auf eine Schauspielschule und wissen nicht, was DEKLAMIEREN heißt?« Meine Stimme zitterte: »Nein, weiß ich nicht, aber ich würde mich sehr freuen, wenn Sie es mir erklären würden.« Er stand auf und schrie: »Nein! Also wenn Sie mit mir streiten wollen, dann können Sie gleich gehen.« Ich schnappte nach Luft, nahm meinen Rucksack und verließ türknallend den Raum. Die ganze Heimfahrt über war mein Gesicht tränenüberströmt und ich schluchzte was das Zeug hielt. Zu Hause tröstete mich meine Mama: »Ich weiß gar nicht, warum du dir das antust!«

Am Reinhard-Seminar waren wir nur Nummern. Ich fühlte mich wie ein gebrandmarktes Rindvieh (natürlich kamen noch andere Assoziationen hinzu, aber die verwarf ich), als ich von einer Nummer auf einem ausgehängten Blatt erfuhr, dass es für mich nach der ersten Runde wieder heimging. Kein Gespräch, keine Erklärung, kein Abschied, nur eine Nummer. Aber immerhin saßen in der Jury Samy Molcho und Klaus Maria Brandauer.

An der Frankfurter Schauspielschule kam ich unglaublicher Weise sogar in die dritte und letzte Runde. Von über vierhundert Bewerbern unter die letzten sechzehn, das war der Wahnsinn! Genau zu dieser Zeit aber hatte ich eine Rolle im Frankfurter English Theatre bekommen und sollte an dem Tag der dritten Prüfungsrunde meinen ersten Auftritt haben. Der Druck war enorm und der Zeitpunkt so schlecht wie nur irgend möglich. Ich überstand die dritte Runde nicht. Meine Schauspielkarriere endete hier. Das war die letzte Prüfung, die ich machte. Danach war es für mich eindeutig klar: Ich habe kein Talent.

Studium

Da meine Abiturnote zwar gut, aber nicht ausreichend für ein Journalistik-Studium war, ich also den Numerus Clausus nicht erreicht hatte, organisierte meine Mama mir kurzerhand einen Studienplatz an der renommierten Prager Theaterfakultät der Akademie musischer Künste. So könnte ich die Zeit überbrücken und Theater wäre doch so oder so mein Ding. Mein Tschechisch war in Ordnung, aber auch wirklich nur in Ordnung, es langte für den Hausgebrauch, aber sicher nicht für ein Studium. Ich hatte vorher noch nie auch nur eine Zeile in Tschechisch gelesen, geschweige denn geschrieben.

Meine Theaterlehrerin Sibylle schenkte mir vor meiner Abreise aus Frankfurt zum Abschied einen Ring von ihrer Mutter. Ich war überwältigt, das war das erste Geschenk, das sie mir machte, ein verschnörkelter Ring mit einem roten und einem grünen Stein. Sehr eigenwillig. Ich liebte ihn. Sibylle ist immer ein besonders wichtiger Mensch für mich gewesen, ich habe viel mit ihr besprochen und eine ganz starke Bindung zu ihr gespürt. Sie war für mich die unkonventionelle Seite des Lebens. Eine Künstlerin ohne gesellschaftliche Strenge – Freiheit war es, die ich bei ihr empfand. Von nun an war also der Ring mein Glücksbringer. Ich trug ihn täglich und hatte schreckliche Angst davor, ihn abzuziehen, als hinge mein Leben, mein ganzes Glück nur von ihm ab.

Meine Mutter – wer sonst? – fuhr mich also 1995 nach Prag zu meinem neuen Lebensabschnitt. Auf dem Weg merkte ich, dass der Ring nicht an meinem Finger war. Wie besessen fing ich an zu schreien, meine Mama solle sofort an der nächsten Raststätte halten. Ich weinte und war voller Panik. Meinen Koffer wühlte ich solange durch, bis ich zusammensackte. Ohne diesen Ring konnte ich unter keinen Umständen nach Prag fahren. Meine Mutter fand den Ring schließlich auf dem Boden des Beifahrersitzes. Es dauerte ein wenig, bis ich mich wieder gefangen hatte. Ich fühlte mich völlig erledigt, aber die Reise konnte weitergehen.

Meine Mutter bat mich, die Autobahnschilder zu lesen. Als sie merkte, dass ich nicht in der Lage war, auch nur ein Wort ordentlich in Tschechisch vorzulesen, wurde sie panisch. »Was hab' ich dir nur angetan? Wie sollst du hier studieren?« Ich beruhigte sie. Aber innerlich war ich voller Furcht.

Ich studierte in Prag als ausländische Studentin Theaterregie und Dramaturgie. In meinem Jahrgang waren wir zehn Studenten, davon sieben Tschechen, eine Isländerin, eine Kroatin, die aber die Schule nach kurzer Zeit wieder verließ, und ich. Ich befand mich also in einem Kreis von Auserwählten, ohne eine Aufnahmeprüfung absolviert zu haben. Das verursachte furchtbare Scham in mir. Wieder fühlte ich mich als die reiche Deutsche, die alles hat und sich nichts erkämpfen muss. Ich war sicher, die Kommilitonen finden mich schlimm, schließlich erfüllte ich so ziemlich jedes Vorurteil: die reiche, deutsche Jüdin. Ich war sicher, die Schule hatte mich aufgenommen, um entweder das Schulgeld zu kassieren, das ausländische Studenten zahlen, oder aber um eine Quotenjüdin zu haben. Das hat schließlich bis heute in Tschechien kulturelles Prestige, auf die jüdische Kultur im Land waren Tschechen schon immer sehr stolz. Viele große Schriftsteller, Schauspieler, Künstler, Regisseure waren Juden, und die Kultur spaltete sich immer in deutsch, tschechisch, jüdisch. Prag ist außerdem voller jüdischer Gedenkstätten, Mythen und herrlicher Synagogen. Ich also, als Jüdin mit tschechischen Wurzeln und deutschem Pass, müsste doch die Vielfalt dieser Anlagen künstlerisch geradezu perfekt vereinen. Völliger Quatsch! Barbara Ruth Bišický ist weder kulturell noch kreativ oder gar künstlerisch begabt.

Ein großer Druck beherrschte meinen Prager Alltag. Angst war mein ständiger Begleiter: Wie werde ich das überstehen? Was, wenn die merken, dass ich überhaupt keine Ahnung habe? Wie kann ich diesen imaginären Erwartungen entsprechen? Wie werden mich die anderen finden? Wie werde ich überhaupt alles verstehen? Und was soll, verdammt noch mal, überhaupt aus mir werden?

Es lief dann überraschenderweise ganz gut. Ich besorgte mir viele Bücher in Deutsch und schrieb auch viele meiner Arbeiten auf Deutsch. Meine Mama übersetzte sie dann mit mir. Damals besaß ich keinen Computer und schrieb auf einer elektrischen Schreibmaschine. Jeder Fehler bedeutete erneutes Tippen der ganzen Seite, heute unvorstellbar. Und so schrieb ich alles mit der Hand vor, versuchte es zu übersetzen und meine Mutter korrigierte den Rest.

DAMU, die Hochschule darstellender Künste, liegt in der Altstadt von Prag, mitten im größten Getümmel, zwischen der Karlsbrücke und dem Altstädter Ring. Wenn ich am Nachmittag oder abends aus der Schule kam, stolperte ich direkt in einen Pulk von Touristen: grölende Engländer und Holländer, schreiende Italiener und Franzosen, verschleierte Araber und vor allem peinliche Deutsche. Die Tschechen mochten Deutsche nicht besonders, daher schämte ich mich ein bisschen für diese Biertouristen.

Im ersten Semester behandelten wir im Dramaturgiekurs das Drama »Hamlet«. Als Abschlussarbeit sollte ich Ophelias Begräbnisszene interpretieren und schriftlich inszenieren, Motivationslinien darlegen und die Handlung situativ und psychologisch nachvollziehbar auf Papier bringen. Über Weihnachten war ich zu Hause in Frankfurt und arbeitete daran. Vor meiner Abreise sollte alles fertig sein.

Meine Oma Eva starb am 09. Januar 1996, genau in der Nacht, in der meine Mutter das Tschechisch meiner Arbeit über Ophelias Begräbnis korrigierte. Bis heute hält sie mir vor, dass ihre

Mutter starb, während sie meine Auslegung von Ophelias Begräbnis bearbeitete.

Am Morgen fanden wir zwei ausgedrückte Zigaretten im Nachttischchen von Evas Krankenhauszimmer.

Eva

Eva Krausová, die Mutter meiner Mama, wurde am 18. Juni 1926 in Prag geboren. Ihre Eltern, Antonie (Tonča) und Antonín, stammten beide aus kleineren Städten der Tschechoslowakei. Beide hatten jeweils sieben Geschwister, kamen also aus großen Familien. Tonča, meine Uroma, war eine sehr kultivierte Frau, der an Etikette und Äußerem immer gelegen war. Sie war attraktiv und stets gut gekleidet. Ursprünglich hatte sie Operngesang studiert. Später aber führte sie gemeinsam mit ihrem Mann Antonín, der ein ausgesprochen tüchtiger und erfolgreicher Geschäftsmann war, mitten im Zentrum von Prag eine Firma zur Herstellung von Herrenwäsche und Hemden. Es war ein Großhandelsunternehmen, das an namhafte Geschäfte Ware verkaufte.

Als Eva drei Jahre alt war, wurde ihre Schwester Hanka geboren. Nie hatten die beiden Mädchen ein inniges Verhältnis zueinander. Überhaupt hatte Eva eigentlich nur zu ihrem Papa eine enge Bindung. Ihre Eltern führten keine glückliche Ehe, und so stand für Eva ein großes Versprechen ihres Vaters im Raum: »Wenn der Krieg vorbei ist, dann lasse ich mich scheiden und nehme dich mit!« Diese Worte klangen wie die schönste Verheißung in den Ohren des jungen Mädchens. Damit hätte sich Evas großer Wunsch erfüllt: gemeinsam mit ihrem geliebten Vater weg von der kalten Mutter und der schwierigen Schwester. Wie so viele Träume blieb auch dieser einer. Es sollte anders kommen.

Das Judentum spielte in der Familie Kraus überhaupt keine Rolle. Sie waren vollkommen assimiliert und unreligiös. Doch mit dem Einmarsch der Deutschen in der Tschechoslowakei im März 1939 bekam ihr Judentum plötzlich eine neue Bedeutung.

Eines Tages, im Juni 1939, stürmte die Gestapo die Wohnung der Familie. Die beiden Mädchen, damals zwölf und neun, wurden im Badezimmer eingesperrt, die ganze Wohnung durchwühlt, und als Eva und Hanka endlich wieder freigelassen wurden, waren die Eltern verschwunden. Man hatte sie einfach mitgenommen. Die Mutter wurde nach 24 Stunden wieder entlassen, der Vater nach einer Woche. Auch danach noch kamen immer wieder Männer von der Gestapo in die Wohnung. Und da erst erfuhr die Familie den Grund für die Verhaftung der Eltern: Sie hatten Freunde, die auf der Durchreise ins Ausland waren, bei sich übernachten lassen! Bei diesen Gestapo-Besuchen hörte Eva auch erstmals, dass sie Jüdin war und mit allen anderen Juden »krepieren« solle.

Eva besuchte damals ein renommiertes Mädchengymnasium, musste nun aber allein in der letzten Reihe sitzen. 1940 dann wurde sie aufgrund der Rassengesetze endgültig der Schule verwiesen. Eva und ihre Familie trugen, wie alle anderen Juden, den Judenstern, durften abends nicht mehr die Straße betreten, in kein Kino, kein Theater gehen, ehemalige Mitschülerinnen bespuckten und verlachten sie im Vorbeigehen. Alle hatten Angst, mit ihr zu reden. Nach und nach traute sie sich kaum noch auf die Straße. Sie kam sich vor wie ein Vieh und verstand nicht, was sie so Schreckliches gemacht haben sollte.

Die Kinder, die nicht mehr zur Schule gehen durften und somit abgeschnitten von ihren Altersgenossen waren, trafen sich noch ab und zu in der jüdischen Gemeinde. Hier lernte Eva ihre große Liebe kennen: Tomík Schwarzkopf. Tomík. Diesen Namen habe später sogar ich, als Enkelin, immer wieder gehört. Auch in der Liebe zu ihm sah Eva einen verheißungsvollen Lichtstrahl, einen Hoffnungsschimmer. Weg aus der frustrierenden Kälte ihrer Familie. Tomík emigrierte vor Kriegsausbruch mit seinen Eltern nach Caracas und versprach Eva, sie später zu sich zu holen. Doch Eva und Tomík haben sich nie wiedergesehen.

Mit vierzehn Jahren begann Eva eine Ausbildung zur Hutmacherin und nahm Privatstunden in Englisch. Aber schon mit dem ersten Familientransport B892 am 21. Oktober 1941 wurde Familie Kraus ins Ghetto nach Lodz/Litzmannstadt gebracht. Die wohlhabenden Prager Juden wurden als erste deportiert, schließlich brauchten die Nazis Wohnraum, und obendrein konfiszierten sie alles Hab und Gut.

Mit diesem einen Transport nach Lodz wurden über 1000 Menschen deportiert. Gerade einmal 80 davon überlebten. Weil mit dem Transport ausschließlich gut situierte und der Öffentlichkeit bekannte Bürger fuhren, wurde er auch der »VIP-Transport« genannt.

Die Strecke von 600 Kilometern hatte der Zug nach 28 Stunden endlich hinter sich gebracht. Die Prager »Upperclass«, kultiviert und wohlerzogen, traf in Lodz auf viele ganz einfache polnisch-jüdische Menschen. Die meisten konnten nur Jiddisch, die Tschechen hingegen sprachen unter anderem auch Deutsch. Nicht nur das führte schnell zu starken Spannungen unter den Ghettobewohnern. »Die Jeckes« wurden die Tschechen nur abfällig von den polnischen Juden genannt. Neid und Missgunst machten sich breit. Schlimm genug, in einem Ghetto der Nazis zu sein, aber das Benehmen einiger polnischer Mitinsassen sei vollends entwürdigend gewesen, erzählte mir Eva. Sie hätten Mithäftlinge bestohlen, diese denunziert, seien ungepflegt und ungebildet gewesen. »Sie waren auch später die Kapos«, sagte meine Oma, »das waren die Schlimmsten.«

Eva wurde mit 40 anderen Menschen in einem engen Raum untergebracht. Sie schliefen auf dem Boden. Nach wenigen Wochen bekam Eva die Ruhr, eine schwere Durchfallerkrankung, die sie unglaublich schwächte und mindestens zehn Kilo verlieren ließ.

Besonders eingeprägt hatte sich Eva ein Erlebnis in Lodz: Vor aller Augen rissen SS-Männer Müttern ihre Babys aus den Armen, warfen sie auf einen Lastwagen und erschossen die Mütter. Eva schrie bei diesem Anblick so heftig, dass ein SS-Mann sie zu Boden schlug und sie bewusstlos wurde.

In dieser Zeit begannen die ersten Aussiedlungen aus dem Ghetto, und Evas Papa wusste, dass diejenigen, die arbeiteten, eher vor Transporten geschützt waren. Also nahm er die Töchter mit zur Arbeit. Eva belud Eisenbahnwaggons mit Kohle und Kartoffeln und arbeitete sehr schwer. Ausgehungert und schwach, wie sie war, erkrankte sie bald wieder an einer schweren Infektion. Je elender und geschwächter man war, umso größer die Gefahr, auf einen Transport geschickt zu werden, wusste Evas Papa, also versteckte er seine Tochter in einem Leichenraum, den kein Aufseher betrat. Sechs Wochen verbrachte Eva Tag und Nacht mit Leichen. In der Zwischenzeit verrichtete ihre kleine Schwester Hanka zusätzliche Schwerstarbeit, damit Evas Abwesenheit niemandem auffiel.

Einige Monate später wurde Eva endlich eine Arbeit als Handnäherin in der Kleiderkammer zugewiesen. Doch im Sommer 1944 wurde das gesamte Ghetto aufgelöst und Eva, ihre Schwester Hanka und die Eltern mit Peitschen auf Viehwaggons gejagt. In Auschwitz angekommen, wurden die drei Frauen vom Vater getrennt. Sie wurden geduscht, desinfiziert, kahlrasiert und in Sträflingskleidung gesteckt. Im sogenannten Zigeunerlager, den ehemaligen Pferdeställen, schliefen sie eng zusammengedrängt »wie die Sardinen« auf dem bloßen Betonboden. Jeden Abend kam eine Aufseherin und begoss die liegenden Frauen mit kaltem Wasser, sodass sie die Nacht über im Wasser liegen mussten, da es nicht abfließen konnte.

Nach wenigen Monaten ging es für die drei Frauen weiter ins nächste Lager. Eigentlich erstaunlich, mit welcher Umtriebigkeit die Nazis ihre Lagerinsassen ständig hin und her schoben. Man könnte fast sagen, sie hätten sich um die Unterbringung gekümmert. Jedenfalls verbrachten die drei von Juli 1944 bis Februar

1945 im KZ Christianstadt in Oberschlesien, einem Nebenlager des KZ Groß-Rosen.

Hier arbeitete Eva bei Siemens. »Kein Häftling wusste, was hier produziert wurde. Aber wir vermuteten, dass es Bestandteile von Waffen waren«, schrieb Eva später in ihrem Lebenslauf.

Anfang 1945 musste Christianstadt evakuiert werden, und so ging es auf einen Todesmarsch in Richtung Bergen-Belsen. Von diesem Todesmarsch gelang Tonča und Hanka die Flucht. Eva ging weiter bis zum Lager.

Was genau auf dem Weg von Oberschlesien in den deutschen Norden passierte und warum nur eine Tochter mit der Mutter geflohen war, werde ich wohl nie erfahren. Keine der drei Frauen redete jemals darüber. Aber meine Mutter hatte immer den Eindruck, als sei das ein Ereignis gewesen, das das Verhältnis der Schwestern und ihrer Mutter für immer veränderte. Ein großes Familiengeheimnis.

Nur wenige Frauen kamen tatsächlich in Bergen-Belsen an, die meisten starben unterwegs an Erschöpfung oder wurden erschossen. Und in Bergen-Belsen gab es auch fast nur noch Leichen. Sie wurden einfach vor die Baracken geworfen und blieben in Halden liegen. Die mittlerweile achtzehnjährige Eva wollte nur noch sterben. Zwei Tage bevor das Lager befreit wurde, musste sie Leichen wegschaffen, hinter sich her in eine Grube ziehen. Die Leichen waren teilweise schon so alt, dass manchmal ein Bein oder gar der Kopf abfiel. Noch zwölf Stunden vor Eintreffen der Engländer mussten alle, die noch am Leben waren, zum Appell antreten. Dabei wurde jeder siebte erschossen.

Am 15. April 1945 trafen endlich die alliierten Streitkräfte in Bergen-Belsen ein. Noch etwa 60.000 Lagerinsassen fanden die Briten hier vor und überall Berge von Leichen. Was die britischen Soldaten beim ersten Anblick bis aufs Mark erschütterte, war grausamer Alltag für die nach Leben hungernden Häftlinge. Meine Oma Eva blieb noch einige Wochen im Lager und bot sich als Übersetzerin an. Sie dolmetschte für die Alliierten und half so in ihrem schwachen Zustand auch noch bei der Auflösung des Lagers.

Eva wurde einem britischen Offizier zugeteilt, der die Beerdigung der Leichen zur Aufgabe hatte. Sie dolmetschte vom Englischen ins Deutsche, und die SS-Männer und ehemaligen Lageraufseher füllten auf ihr Geheiß die Massengräber. Einer der britischen Soldaten verliebte sich in Eva und wollte sie auch gern nach England mitnehmen. Doch die Hoffnung, ihren geliebten Papa wiederzufinden, war stärker als der Wunsch wegzukommen. So kehrte sie zurück nach Prag.

Das Büro der ehemaligen Firma der Familie Kraus wurde den beiden Schwestern und deren Mutter Tonča als Wohnraum zurückgegeben. Später, im Jahre 1955, sollten ihnen die zwei Zimmer von den Kommunisten wieder weggenommen werden.

Tonča hatte nach dem Krieg eine schwere Tuberkulose des Rückgrats und bekam vom Roten Kreuz eine Kur in Lausanne bezahlt. Sie fuhr für zweieinhalb Jahre fort und ließ ihre beiden Töchter Eva (20) und Hanka (17) allein in Prag zurück. Hanka war tief traumatisiert und höchst problematisch. Sie nässte ein, begann zu stehlen und notorisch zu lügen. Außerdem hatte sie keinerlei Ausbildung. Eva kümmerte sich um alles. Vom geliebten Vater gab es keine Spur. Erst fünf Jahre darauf erfuhr Eva, dass ihr Vater Antonín drei Wochen vor Kriegsende in Auschwitz an einer von Josef Mengele verabreichten Phenolspritze zu Tode gekommen war.

Eva übernahm die alte Produktionsfirma für Herrenwäsche und kümmerte sich um Hanka. Eines Tages kam ein Stoffvertreter in Evas Firma und bot seine Ware an. Es war ein junger, gutaussehender Mann, der Eva sofort den Hof machte.

Bergen-Belsen: Eva übersetzt für britische Soldaten.
Im Hintergrund eine Leichengrube, 1945

Bergen-Belsen: Eva mit britischen Soldaten, 1945

Freundinnen warnten Eva vor dem Schürzenjäger, doch Evas Ehrgeiz, ihn zu zähmen, war stärker. Und so heiratete sie Mirek Zeimer am 18. Oktober 1947, bereits in Erwartung ihrer Tochter Zuzanka.

Evas Schwester Hanka hatte, mit 17 Jahren, schon einige Monate vor Eva den neun Jahre älteren Vláďa Feix geheiratet. Eva gab, als volljährige Schwester, die Zustimmung zu dieser Hochzeit, denn beide Ehen schlossen die Schwestern in Abwesenheit ihrer Mutter Tonča, die noch in der Schweiz auf Kur war.

Zuzka, Eva und Mirek, 1948

Evas Beerdigung war die erste in der Familie, an der ich bewusst teilgenommen habe. Als Mirek wenige Jahre zuvor gestorben war, lag ich mit Windpocken im Bett und konnte nicht mit nach Prag fahren. Nach dem Tod meiner Uromas Tonča und Štepanka wurden diese auf eigenen Wunsch eingeäschert, sodass die Zeremonien in sehr kleinem Rahmen stattfanden. Ich kann mich nicht erinnern, wirkliche Trauer empfunden zu haben. Bei keinem. Wenn ich zurückblicke, habe ich den Eindruck, abgestumpft gewesen zu sein.

Feuerbestattungen sind im Judentum untersagt. Nur wenige jüdische Friedhöfe haben in den 20er-Jahren des letzten Jahrhunderts trotzdem eine Urnenabteilung eingerichtet. Die Körper sollen eigentlich so zurück in die Erde, wie sie erschaffen wurden, und so wieder zu ihrem Ursprung werden: Erde zu Erde.

Die Seele verlässt den Körper schon im Ableben, und unser Körper sollte vollständig bleiben. Verbrennen ist also nach der Halacha, dem jüdischen Religionsgesetz, strikt verboten. Und trotzdem gibt es auf dem Prager jüdischen Friedhof Verstorbene in Urnen, darunter auch einige meiner Verwandten: meine Uromas Tonča und Štepanka und meinen Opa Tonda beispielsweise.

Bei den jüdischen Erdbestattungen liegt jeder verstorbene Jude, ungeachtet seiner Herkunft und seines finanziellen Hintergrundes, in einem weißen Leichenhemd in einer ganz einfachen Holzkiste. So wie jeder gleich zur Welt kommt, so geht er auch wieder von dieser. Darin unterscheidet sich das Beerdigungsritual von Juden zu dem der Christen. Menschen, die in Israel, also im »Heiligen Land«, beerdigt werden, werden sogar ohne Sarg, nur im Leichenhemd und in ein Leichentuch gewickelt in die Erde gelegt. Die Holzkisten gibt es nur in der Diaspora.

Bei Evas Beerdigung habe ich keine Trauer empfunden und mich deshalb schlecht gefühlt. Ich kann mich an kein Oma-Verhältnis zu ihr erinnern, wie es meine Kinder heute zu meiner Mama haben, eines, bei dem man sich vertraut, von der Oma lernt und viele Dinge gemeinsam erlebt. Mit Helenka war das anders, sie brachte mir viel bei, vor allem Haushalts- und Hygienesachen. Sie kümmerte sich auch darum, dass ich als Kleinkind trocken wurde und aufhörte, meinen Mittel- und Ringfinger zu lutschen. Sie war sehr engagiert in Erziehungsfragen, wurde aber erst sehr viel später zu einer Vertrauensperson für mich. Erst als ich in Prag studierte.

Bezeichnend für die unterschiedlichen Rollen meiner Omas in unserem Leben war ein Urlaub in Italien. Ich war klein, und meine Omas waren noch recht jung. Helenka wusch Wäsche, räumte auf und umsorgte mich gluckenhaft. Eva rauchte, trank und sonnte sich. Am Strand lagen beide auf Liegen und brutzelten vor sich hin. Plötzlich hörten sie eine Lautsprecherdurchsage: »Die kleine Barbara, vier Jahre alt, sucht ihre beiden Omas!« Ich hatte mich in der Masse der identisch aussehenden Strandliegen verloren und weinte bitterlich. Ein netter Urlauber brachte mich zum Strandwart. Als meine Omas angerannt kamen, bekam ich zunächst von Eva eine Ohrfeige. So verarbeitete sie ihren Schrecken um mein Verschwinden. Helenka nahm mich in den Arm und tröstete mich. Ein guter Freund meiner Mutter und berühmter Sänger in der Tschechoslowakei, Honza Vančura, brachte es im Nachhinein mit einem kleinen scherzhaften Ständchen auf den Punkt. Er resümierte unsere Omas so:

»Jedna paní prala a prala a prala.
A druhá na ni s radostí koukala,
jak to prádlo vyprala.«
(Eine Frau wusch und wusch und wusch
und die zweite schaute mit Freude dabei zu.)

Ich habe versucht, mir in Erinnerung zu rufen, was ich sonst
mit meiner Oma Eva so erlebt habe. Leider sind da nur Fetzen.
Meine Großeltern hatten ein Ferienhäuschen bei Nidda, eine Art
deutsche Datscha, ungefähr eine Stunde von Frankfurt entfernt.
Dort waren Martin und ich und ab und zu auch Freunde von uns
an Wochenenden mit Eva und Mirek. Alles hatte hier einen
Hauch von Schwarzwald, das Haus, die Einrichtung und der
große Garten mit vielen Tannen. Ganz hinten gab es sogar einen
Baum mit Mirabellen, die pflückte ich immer mit Mirek. Ich erinnere mich an den Kamin, an dem Martin und ich spielten, an
Monopoly, das ich hasste, weil ich es im Grunde nie verstand, und
an den runden Pool im Garten. Eva kraulte mir auf Anfrage den
Bauch. Martin und ich verkleideten uns, wir spielten mit einem
der Dorfjungen, und im Haus hatte ich Angst. Natürlich.

Meine Oma Eva war eine Sonnenanbeterin. Sobald auch nur
der kleinste Sonnenstrahl zu sehen war, lag sie auf ihrer Liege. Sie
war eine schöne, braungebrannte und schlanke Frau, hatte kurze,
blondgefärbte Haare, trug immer hohe Schuhe und elegante Kleidung. Sie rauchte viel und trank auf ihrer Sonnenliege Campari
Orange.

Als Martin und ich das erste Mal mit unserer Mama in Israel
waren, begleitete uns auch Eva. Wir teilten uns ein kleines Hotel-
zimmer. Jeden Morgen, wenn wir aufstanden und zum Frühstück
gehen wollten, mussten wir noch einige Minuten auf Eva warten.
Sie nahm erst einmal ihre »Henkersmahlzeit« zu sich. Diesen Namen gaben wir dem Cognac und der Zigarette, die sie morgens
auf dem Balkon auf nüchternen Magen zu sich nahm. Wir fanden

es irgendwie cool und lachten darüber. Als ich meiner Mutter kürzlich sagte, Eva sei doch im Grunde eine Alkoholikerin gewesen, wurde meine Mutter richtig wütend und bestritt das vehement.

Es ist schon beeindruckend, wie sogar noch eine Frau über sechzig, die bereits selbst Oma ist, ihre eigene, längst verstorbene Mutter immer noch in Schutz nimmt und sich die Realität zurechtbiegt.

Eva war nie betrunken, aber sie hat immer etwas getrunken. Sie war nie ausfallend oder laut und zeigte auch keine anderen Anzeichen von Alkoholismus. Sie war unglaublich beherrscht, stolz und diszipliniert, immer aufrecht und zuweilen sehr spitz in ihrem Sarkasmus. Eva war bitter und offenbar immer ganz leicht betäubt. Wer konnte es ihr verdenken?

Im Nachhinein, glaube ich, hätte ich mir mit Eva sicher viel zu erzählen gehabt. Ich glaube, dass hinter dieser abgestumpften Fassade eine sehr traurige Frau steckte, mit der ich mich verstanden und Spaß gehabt hätte, mit der ich mich möglicherweise hätte über einiges beraten können. Wahrscheinlich war da aber schon aus frühester Kindheit das Gefühl, meine Mutter in Schutz nehmen zu müssen.

Weil meine Mutter so unter ihren Eltern litt, konnte ich mich schlecht mit ihnen solidarisieren. Es wäre eine Art Verrat gewesen. Ich habe früh Dinge erfahren und miterlebt, die mich bestimmt stark beeinflusst haben in meiner Haltung gegenüber den Großeltern.

Bei uns zu Hause galten Evas Schwester Hanka und meine Uroma Tonča als verrückt und bösartig, immer mit der Rechtfertigung ihrer schrecklichen Erlebnisse.

Meine Mutter litt zeitweise sehr unter ihrer Familie. Lügen, Vorwürfe, ellenlange Briefe und ein schlechtes Gewissen bekam sie regelmäßig. Zuzka weinte und kämpfte weiter ihren aussichtslosen Kampf um Anerkennung und Liebe ihrer Eltern.

Das Ferienhäuschen in Nidda war beides für mich: schön und furchtbar. Ich habe gefroren und hatte Angst. Aber ein Ferienhäuschen der Großeltern mit Pool war auch etwas absolut Außergewöhnliches.

Den Haushalt erledigte Eva komplett allein, denn Mirek war nicht einmal in der Lage, ein Spiegelei zu braten – so sagte er zumindest –, geschweige denn eine Waschmaschine zu bedienen oder den Staubsauger zu benutzen. Es war die klassische Rollenaufteilung. Mir schien das ganz normal, und doch war da diese eigenartige Atmosphäre, eine Kälte, eine Leere, die kein herzlicher Besuch, kein Lachen, kein gemeinsames, fröhliches Miteinander füllen konnten. Sie war immer da. Über meiner Familie, die fröhlich, gesund, erfolgreich und unglaublich herzlich war, lag eine dicke graue Wolke aus Schweigen und eisiger Kälte.

Freundschaft

Die Studienzeit war sehr anstrengend und aufreibend für mich. Die tschechische Sprache, die Angst, für die verwöhnte, reiche, jüdische Deutsche gehalten zu werden, die Befürchtung, keine Künstlerseele zu haben, und Konflikte mit meiner besten Freundin erlaubten es mir nicht, die Zeit zu genießen.

Natürlich trieb mich auch die Suche nach Liebe um, wie das mit Anfang zwanzig eben normal ist. Die erste große, aber auch extrem enttäuschende Liebe hatte ich bereits in Frankfurt hinter mir, und sie hatte Narben hinterlassen. Vertrauen und Mut waren nie Eigenschaften, die ich mir zuschreiben konnte, aber nach den ersten Liebesverletzungen war es mir nicht mehr möglich, mich fallenzulassen, zu genießen und einfach Dinge auf mich zukommen zu lassen. Möglicherweise wäre mir das aber so oder so immer sehr schwer gefallen. Ich wollte so gern lieben und geliebt werden. Doch genau damit, mit dem Geliebtwerden, hatte ich Probleme. Die Männer, die es wirklich gut mit mir meinten, wies ich zurück, und um die, die es nicht verdienten, kämpfte ich einen aussichtslosen Kampf.

Während meines Studiums in Prag hatte ich eine sehr enge Freundin, mit der ich genau das erlebte. Die Frau zog mich zwar einerseits herunter, aber andererseits eben auch magisch an. Sie entzog mir Kraft und Energie. Aber ich war begeistert von ihr, für mich war sie die Größte, und ich hätte alles getan, damit es ihr gut geht und um ihr zu helfen. Veronika war mein Vorbild, meine Ratgeberin, meine Freundin. Eigentlich war sie eine Liebe für mich. Ich idealisierte alles, was sie tat, empfand unendliches Mitgefühl für das, was ihr widerfuhr, und wollte ihr einfach eine Stütze sein.

Unsere Freundschaft zerbrach an einem verlorenen Schlüssel. Noch viele Jahre später schmerzte mich mein unglaublich schlechtes Gewissen. Ich war überzeugt davon, sie mies und ungerecht behandelt zu haben, weil ich sie eines Tages gebeten hatte, meine Wohnung wieder zu verlassen, in die sie vorübergehend aus Not eingezogen war.

Heute weiß ich nur noch, dass sie meine Schlüssel verloren hatte. Kein Vergehen, für das man eine Freundschaft aufs Spiel setzt! Honza, mein Vater, sagte mir dazu am Telefon nur rigoros, wie er manchmal sein konnte: »Raus mit ihr! Die taugt nichts.« Sie packte damals noch in der Nacht heimlich ihre Sachen, hinterließ lediglich die Dinge, die ich oder meine Mutter ihr einmal geschenkt hatten – was mich unendlich verletzte –, und sprach in der Uni nie wieder ein Wort mit mir. Von nun an begann eine schwere Zeit für mich.

Ich hatte jeden Morgen Angst vor dem Weckerklingeln, es fiel mir schwer, aufzustehen und in die Uni zu gehen. Ich fühlte mich wie gelähmt, hatte aber meine Abschlussarbeit, eine eigene Regieführung mit den Schauspielstudenten meines Jahrgangs, zu Ende zu bringen.

Es war die Hölle für mich. Ich war sicher, dass alle wussten, was für ein schlechter Mensch ich bin, und alle sahen, dass ich überhaupt kein Talent zur Regisseurin habe. Ich fühlte mich beobachtet und unbeachtet zugleich – und ich konnte nicht einmal meine Veronika um Rat bitten. Ich wusste nicht ein noch aus, hatte Magenschmerzen, und mein Brustkorb zog sich drückend zusammen – ein dicker, schwerer Brocken schnürte mir den Atem ab. Eine grauenvolle Zeit.

13 Jahre später – Jahre, in denen ich fast täglich wenigstens kurz einmal mit Magendruck und schlechtem Gewissen an Veronika gedacht hatte – wurde ich über Facebook zu einem Klassentreffen der Prager Hochschule Dramatischer Künste (DAMU) eingeladen. Ich hatte zu niemandem mehr Kontakt, war aber fest

entschlossen, mit der angstbehafteten Studienzeit abzuschlie-
ßen, und entschied mich, allen Mut zusammenzunehmen und
hinzufahren. Doch vorher kontaktierte ich, ebenfalls über Facebook, Veronika und arrangierte ein Treffen mit ihr.

Niemals wieder habe ich größere Angst empfunden als in den
Tagen vor diesem Treffen. Ich war davon überzeugt, dass sie über
Jahre mit Hass und Wut auf mich durch ihr Leben gegangen sei
und ich nun jede Menge Vorwürfe entgegennehmen müsste, natürlich vollkommen zu recht.

Ich stand an einer Straßenbahnhaltestelle, unserem verabre-
deten Treffpunkt, und rauchte eine Zigarette nach der anderen.
Aber meine Hände zitterten so sehr, dass ich die Zigarette kaum
zum Mund führen konnte. Dann sah ich sie kommen, fröhlich
strahlend, mit offenen langen Haaren und flatternden Gewän-
dern. Sie hatte zugenommen, hübsch war sie nicht mehr. Sie fiel
mir um den Hals und drückte mich. Ich war außer mir. Sie über-
häufte mich mit Komplimenten, und als ich anfing, mich für Ver-
gangenes zu entschuldigen, wischte sie alles weg mit: »Aber Bára,
das haben wir doch alles längst geklärt. Wir haben uns doch vor
zehn Jahren getroffen und alles besprochen.« Ich war wie versteinert. Ich konnte mich an nichts erinnern, an kein Treffen, an kein
Gespräch, an nichts.

Wir gingen zum Klassentreffen, und zu meiner großen Über-
raschung freuten sich alle, mich zu sehen, und waren unglaublich
freundlich zu mir. Meine Ängste, nicht angenommen oder ge-
mocht worden zu sein, waren vollkommen an den Haaren her-
beigezogen gewesen. Ich befand mich plötzlich mitten in einer
Gruppe, zu der ich mich nie als zugehörig empfunden hatte. Und
nun gehörte ich dazu. Veronika umarmte mich, verließ das Treffen früh und meldete sich nicht mehr.

Diese Begegnung irritierte mich über alle Maßen. Keine Vorwürfe, keine Auseinandersetzung, ich musste mich nicht entschuldigen, und obendrein noch die verwirrende Aussage über

ein bereits vor Jahren geführtes klärendes Gespräch. Keine meiner alten Freundinnen aus Frankfurt oder Prag konnte sich an ein Treffen oder ein Gespräch zwischen mir und Veronika erinnern.

Einige Monate später fuhr ich wieder nach Prag, um meine Oma Helenka zu besuchen. Ich setzte mich an meinen alten Studienschreibtisch und begann, die Briefe zu lesen, die meine Schublade füllten. Plötzlich fiel mir einer in die Hände, den ich wohl einst an Veronika geschrieben hatte. Ich weiß nicht mehr, ob es nur ein Entwurf war, den ich dann ins Reine geschrieben und ihr geschickt hatte, oder ob ich ihn nur für mich schrieb. Jedenfalls stand darin ganz ausführlich, wie sehr sie mich verletzt, wie sie mich ausgenutzt und egoistisch behandelt hatte. Beim Lesen liefen mir die Tränen über das Gesicht. Unfassbar, wie ich mir über so viele Jahre hatte einreden können, sie schlecht behandelt und unglaublich böse Entscheidungen getroffen zu haben. Ich hatte alles vollkommen verdrängt und zu meinen Ungunsten verdreht. Sie hatte mich schlecht behandelt, und ich habe mir selbst die Schuld dafür gegeben. Die Macht des Unterbewussten wurde mir in diesen Minuten klar, mehr als mir lieb war. Heute noch denke ich an sie, aber ohne schlechtes Gewissen. Ich vermisse sie irgendwie, habe aber nicht mehr das Bedürfnis, ihr nahe zu sein.

Papa

Zu Honza hatte ich eine ganz besondere Beziehung. Als Vater war er nicht sehr präsent: Er arbeitete viel und war nicht die Art von Vater, der sich mit uns hingesetzt und geredet hätte. Er war ruhig und gab Kraft allein durch seine Anwesenheit, aber er hatte keinen großen Anteil an unserem Alltag. Honza war das einzig Stabile in meiner Frankfurter Familie. Meine Mutter war zwar unheimlich stark und trat immer in Aktion, wenn sie gebraucht und auch wenn sie nicht gebraucht wurde. Das brauchte sie! Letztendlich aber war das ihr Hilfeschrei nach Liebe und Aufmerksamkeit. Sie definierte sich grundsätzlich über die Hilfe, die sie anderen zuteilwerden ließ.

Honza hatte andere Bedürfnisse. Er war mit sich und Geldverdienen beschäftigt. Mindestens dreimal in der Woche war er mit dem Auto auf Deutschlands Autobahnen unterwegs zu verschiedenen Textilfirmen, um Restposten für unser Geschäft aufzukaufen. Er fuhr wöchentlich viele hundert Kilometer und schleppte unzählige Säcke voller Klamotten ins und aus dem Auto. Manchmal brachte er uns von der Autobahnraststätte etwas mit, zum Beispiel »Heiße Hexe«, einen Mikrowellenhamburger. Im Grunde war der ganz furchtbar, wir freuten uns aber immer wieder über dieses matschige Ding. Wenn er Ware eingekauft hatte, von der er glaubte, dass sie meiner Mutter oder mir gefallen könnte, brachte er einzelne Säcke mit nach Hause. Dort schütteten wir sie dann aus wie einen Sack voller Weihnachtsgeschenke. Ich wühlte mich hindurch und probierte an, was das Zeug hielt. Der absolute Mädchentraum!

Da ich immer bescheiden war, hielt ich mich sehr in der Auswahl zurück. Aber eigentlich war es nicht unbedingt die Bescheidenheit, die mich zurückhielt, sondern Scham. Ich schämte mich, mit neuen Kleidern in die Schule zu gehen, es war mir peinlich. Andere hätten über mich denken können, ich sei verwöhnt, und das wollte ich auf gar keinen Fall. Ich wollte keines von diesen jüdischen Mädchen sein und war es trotzdem. Ständig bemühte ich mich um die Kontrolle der Wirkung, die ich auf andere haben könnte.

Honza brauchte nicht viel, um glücklich zu sein: etwas Deftiges zu essen, ein Bett, eine Couch vor einem Fernseher und die Gewissheit, dass seine Familie gesund ist. Er ging nicht gern auf große Partys und Veranstaltungen. Allein, dass er einen Anzug tragen musste, bescherte Honza schon größte Unzufriedenheit. Meine Mutter schimpfte immer, er habe keinen Geschmack, und kaufte ihm Kleidung. Er sei ja schließlich Textiler und könne auf keinen Fall herumlaufen wie ein Dahergelaufener aus Mährisch-Ostrau. Wirklich gestört hat ihn das, glaube ich, nie. Nur wenn meine Mutter sich erdreistete, von ihm geliebte alte Kleidungsstücke wegzuwerfen, dann wurde er richtig wütend.

Meine Mutter kleidete uns alle ein. In ihren Augen hatte auch ich nicht den geringsten Geschmack, und sie kommentierte das nur mit: »Du bist ganz die Oma Helenka ...« Wenn wir gemeinsam in die Stadt wollten und ich kam fertig angezogen aus meinem Zimmer, sagte meine Mama häufig zu mir: »Also so gehe ich mit dir nicht!« Und ich erwiderte ganz unglücklich: »Aber was soll ich denn anziehen?« Dann kam sie mit in mein Zimmer und suchte mir aus meinen Schränken etwas heraus.

Bis heute frage ich, ob das, was ich anhabe, auch gut aussieht. Dabei ist es fast egal, wen ich frage: meine Kinder, den Babysitter – theoretisch könnte ich auch den Briefträger fragen. Ich brauche einfach nur ein Feedback, und letztendlich gehe ich am liebsten auf Nummer sicher: ganz in Schwarz. Mit wachsendem Selbstbewusstsein kam dann auch der Mut zum eigenen Geschmack. Dieser Prozess begann mit etwa Mitte dreißig und ist immer noch nicht abgeschlossen.

Honza tat es nicht weh, von Zuzka eingekleidet zu werden. Er wusste, genau wie ich, dass er keinen Geschmack hatte, nur mit dem Unterschied, dass es ihm vollkommen gleichgültig war. Er brauchte eben wirklich nur sein Sofa, einen Fernseher, etwas Gutes zu essen, und er war glücklich. Er benötigte keinen Luxus, keine Urlaube, keine Statussymbole.

Seit 1987 führte er zusammen mit Zuzka sein eigenes Geschäft für Frauenbekleidung. Er war unglaublich fleißig und hatte den nötigen Biss. Seine sehr spezielle Art mit den Kundinnen umzugehen, kam ausgesprochen gut an. Die Frauen liebten seine Ehrlichkeit und seinen sarkastischen Humor. Wenn eine sehr füllige Dame sich beispielsweise in ein XS-T-Shirt zwängte und anschließend fragte, ob sie es zurücklegen lassen könne, so antwortete er: »Das können Sie schon, Madame, aber größer wird es bis Montag nicht.« Oder als eine Kundin ein Oberteil für 5 DM untersuchte und fragte, aus welchem Stoff es denn sei, entgegnete er: »Ohhhhh, da haben Sie sich etwas ganz Besonderes ausgesucht. Das ist Polyester, getrimmt auf Seide. Das Beste!« Eine andere Kundin wollte wissen, ob sie das Baumwollshirt auch kochen könne. Honza antwortete: »Selbstverständlich. Und essen können Sie es danach auch.« Er hatte dabei immer ein verschmitztes Lächeln im Gesicht, und die Kundinnen liebten ihn, brachten ihm Kuchen oder Sandwiches und bekamen dafür einen frechen Spruch und einen Rabatt. Honza ging in seinem Geschäft komplett auf, er war der geborene Geschäftsmann. Doch ohne Zuzka wäre es nie dazu gekommen. In den Jahren der Zusammenarbeit mit Mirek und Eva redete sie Honza gut zu, er solle sich von ihren Eltern, die ihm nie die nötige Anerkennung entgegengebracht hatten, lösen. Als er endlich den Mut dazu fand, war es Zuzka, die ein neues Geschäft anmietete und Honza liebevoll in den Hintern trat, sich endlich selbst etwas zuzutrauen.

Zuzka und Honza

Honza und Eva im Textilbasar Zeimer, 1973

Die ersten Jahre des Textilbasars Zeimer in der Leipziger-
straße verliefen sehr harmonisch und äußerst erfolgreich.
Honza kam mit seinen Schwiegereltern klar, alles machte den
Anschein einer gut funktionierenden Familie. Honza fuhr auf der
Jagd nach den besten Restposten mit und später ohne Mirek
durch ganz Deutschland, trank mit Eva ab und zu ein Schnäps-
chen und begleitete sie bei ihren freitäglichen

Shoppingausflügen. Sie freuten sich über ihre beiden Kinder bzw. Enkelkinder, Martin und mich.

Mirek und Eva kauften ein Ferienhäuschen mit großem Garten und Pool in Nidda, etwa eine Stunde von Frankfurt entfernt, und Oma Helenka pendelte bei ihren Deutschlandbesuchen zwischen ihren Enkelkindern und den Schwiegereltern des Sohnes, Mirek und Eva. Also Harmonie pur; unterschwellig aber brodelte es, und mit den Jahren fing es an, zu sprudeln und zu kochen.

Eva bezichtigte grundsätzlich Zuzka, ihr Böses zu wollen, und Mirek ertrug zunehmend weniger die vermeintliche Konkurrenz mit dem Schwiegersohn. Zuzka und Honza hingegen versuchten, sich immer nach den Wünschen der Eltern zu richten, und unterdrückten ihr Unbehagen in der gemeinsamen Arbeit. Die Unzufriedenheit mit seinem Angestelltenverhältnis, dem geringen Gehalt und den täglichen kleinen Erniedrigungen wuchs in Honza und vor allem in Zuzka.

Mirek musste sich immer wieder Honza gegenüber als der bessere Geschäftsmann darstellen und verhielt sich ihm gegenüber überheblich und respektlos. Honza schwieg. Zuzka bemühte sich nach Kräften, normale, intakte Familienbeziehungen zu schaffen, und wurde immer wieder zurückgestoßen.

Sie brachte Eva eines Tages einen großen Blumenstrauß ins Büro, um ihr zum Hochzeitstag zu gratulieren. Ihre Mutter warf ihr den Strauß jedoch vor die Füße und beschimpfte Zuzka, sie sei unfähig und nutzlos. Schließlich sei ihr Hochzeitstag erst morgen. Ein anderes Mal lud Zuzka ihre Eltern zum Abendessen ein, und in Anbetracht dessen, dass Eva ihr Leben lang auf ihre Linie achtete und nichts Fettiges aß, kochte Zuzka Spargel, um ihre Mama nicht in Bedrängnis zu bringen. Eva aß gerade einmal zwei Stangen. Zuzka sagte zu ihr: »Mama, die sind vollkommen fettfrei. Das kannst du essen.« Daraufhin stand Eva auf und forderte böse: »Mirek, komm, wir gehen. Ich muss mich nicht schon wieder von ihr beleidigen lassen.«

Montags hatte Honza seinen freien Nachmittag, Mirek und Eva hatten am Samstag frei. Meine Eltern baten immer wieder darum, ob Mirek und Eva vielleicht ab und zu mit Honza den Tag tauschen könnten, damit er mit uns Kindern Zeit verbringen könne. Doch Zuzkas Eltern waren stur, manchmal hatte es sogar den Anschein von Schikane. Eines Tages bekam Zuzka einen Anruf von ihrer Mutter, die ins Telefon weinte: »Zuzanko, ich habe mich mit deinem Vater gestritten. Ich kann nicht mehr! Ich will nicht mehr leben! Ich habe zwei Packungen Rohypnol hier. Ich mache Schluss.« Zuzka brachte Martin und mich sofort bei Freunden unter, setzte sich ins Auto und fuhr, so schnell sie konnte, zum Ferienhäuschen, in dem Eva nun allein ihrem Leben ein Ende setzen wollte. Zuzka klingelte, und Eva machte ihr vergnügt, mit einem Gläschen Campari in der Hand, die Tür auf, schaute sie vollkommen erstaunt an und fragte genervt: »Was machst du denn hier?« In der Woche darauf bekam Zuzka eine Reihe wutentbrannter Briefe und Anrufe von Mirek, der der Überzeugung war, Zuzka habe Eva gegen ihn aufgehetzt.

1979 kauften Zuzka und Honza, mit finanzieller Unterstützung der Eltern, ein Haus für sich und uns Kinder. Ein Teil des Geldes war geliehen, doch Mirek erzählte überall, er habe seiner Tochter ein Haus gekauft. Das kränkte Honza, doch er schwieg. Mirek erwartete absolute Dankbarkeit, Bewunderung und Treue. Er war eifersüchtig, dass er für seine Tochter nun nicht mehr an erster Stelle stand, und hatte furchtbare Minderwertigkeitskomplexe. Mit dem Kauf des Hauses wurde alles nur noch schwieriger: Mirek warf seinem Schwiegersohn vor, er bestehle ihn, und unterstellte ihm andere abstruse Dinge. Zuzka überwand ihre Angst und bestand darauf, dass ihre Eltern Honza als Teilhaber in die Firma nehmen müssten. Doch Mirek weigerte sich. Lediglich seiner Tochter gewährte er schweren Herzens eine Teilhabe, ließ jedoch in den Partnerschaftsvertrag eintragen, dass Honza und Zuzka sich bei Auflösung dieser Geschäftsverbindung nicht selbstständig machen und schon gar keine Konkurrenz sein dürften. Die Beziehungen waren verzwickt: Mirek war eifersüchtig auf Honza, der ihm vermeintlich die Liebe seiner Tochter stahl, und Eva war eifersüchtig auf Zuzka. Sie war seit Zuzkas Geburt überzeugt davon, Mirek liebe die Tochter mehr als seine Ehefrau. Mirek und Eva schaukelten sich gegenseitig in wahnwitzigen Schuldfantasien gegen ihre Tochter und den Schwiegersohn hoch. Die Stimmung im Geschäft wurde unerträglich. Honza bekam ein Magengeschwür, ging aber pflichtbewusst jeden Tag zur Arbeit und schwieg. Zuzka bekniete ihn auszusteigen, sich selbstständig zu machen. Er aber hatte schreckliche Angst und traute sich nichts zu: »Ich kann nichts, ich bin nicht klug, ich habe nichts gelernt. Was soll nur werden? Wir haben Schulden, zwei kleine Kinder und das Haus.« Zuzka wusste, sie hatte die Wahl zwischen ihren Eltern und ihrer Ehe. Die wäre mit Sicherheit über kurz oder lang zerbrochen, hätte sie nicht den Entschluss gefasst, aus der geschäftlichen Verbindung mit ihren Eltern auszusteigen. Entweder Scheidung und zurück zu Papa oder Auflösung der Teilhabe und Rettung der Ehe.

Sie ging mit ihren Eltern zum Anwalt und bat um die Auflösung des Vertrages zum 31. März 1986. Von da an redeten Mirek und Eva kein Wort mehr mit ihrer Tochter und dem Schwiegersohn, der trotzdem weiterhin die letzten Wochen vor dem vertraglich vereinbarten Tag brav seine Arbeit verrichtete – ungeachtet der Ignoranz und Missachtung, die ihm entgegen schlugen. Nach diesen letzten, schleppenden Wochen folgten eine große Leere und die Ungewissheit um die weitere Zukunft. Honza war derart niedergeschlagen und angsterfüllt, dass Zuzka ihn zu tschechischen Emigrantenfreunden nach Kanada schickte; er sollte dort den Kopf frei bekommen. Doch Honza wollte unter keinen Umständen fahren, ohne dass Zuzka und wir Kinder Geld zum Leben hatten. Gespartes sollte auf keinen Fall angerührt werden. Lange zermarterten sie sich den Kopf, bis Zuzka die zündende Idee hatte: »Honza, du füllst mir unseren Keller mit Ware, ich aktiviere all meine Freundinnen und verkaufe einfach von zu Hause aus.« Der Kompromiss war, keine einzige Firma anzufahren, die Mirek und Eva im Geschäft führten. Und so geschah es. Honza bestückte unseren Keller mit Ware, flog für sechs Wochen nach Kanada und Zuzka verkaufte Kleider bei uns zu Hause.

Der Privatverkauf sprach sich schnell herum und schlug ein wie eine Bombe. Nach nur drei Wochen hatte Zuzka kaum noch Ware. Sie telefonierte mit Honza und fragte, was sie nun mit den Resten machen solle. »Erst rufst du meinen Freund Max an. Er sucht sich für sein Geschäft heraus, was er mag. Dann trennst du alle Zweiteiler. Mache aus jedem Kostüm und Hosenanzug zwei einzelne Bügel. Rufe die Firma Groß in Hamburg an, die arbeiten ähnlich wie wir. Sage ihnen, dass du eine Boutique aufgelöst und noch Reste im Keller zum Verkauf hast, jedes einzelne Teil zu 5 DM. Sie sollen es sich angucken und mitnehmen.« Genau so machte es Zuzka. Es machte ihr nicht nur einen Riesenspaß, sondern sie erzielte auch einen fantastischen Umsatz.

Als Honza zurückkam, kaufte er neue Ware ein. Der Verkauf in unserem Keller lief wie am Schnürchen. Die Frauen kamen mit ihren Männern und den Kindern, um die sich Honza oben in der Küche kümmerte, während Zuzka im Keller die Kundinnen bediente. Verkaufszeiten waren immer von 15:00 bis 18:00 Uhr. Vormittags suchte Zuzka nach einem Ladengeschäft in einem anderen Stadtteil als dem des Textilbasars Zeimer.

Sie fand es im Herbst desselben Jahres. Ware genug hatten sie ja nun, und so eröffneten Zuzka und Honza am 15. Januar 1987 auf der Bergerstraße ihr eigenes Geschäft namens »bonbon«. Der Tag der Eröffnung war ein großes Fest. Die Kunden strömten nur so in den Laden, brachten Geschenke, freuten sich, beglückwünschten meine Eltern und kauften ein, was das Zeug hielt. Nur Mirek und Eva blieben fern.

Neueröffnung »bonbon« auf der Bergerstraße 162,
Frankfurt am Main, 1987

Zu ihren Eltern hatte Zuzka trotz aller Bemühungen, Beteuerungen und Erklärungsversuche keinen Kontakt, sie sprachen
kein Wort mit ihr. Die Briefe ihres Vaters allerdings nahmen kein
Ende. Lange, vorwurfsvolle Briefe, die ich heute für meine Mutter
verwahre. »Zuzka, du bist Schuld an meinem Herzinfarkt, ein
Wunder, dass ich noch keinen weiteren bekommen habe ... Was
bist du nur für eine Tochter? ... Du bist die größte Enttäuschung
meines Lebens ... Keiner hat mich in meinem ganzen Leben so
sehr verletzt wie du! ... Du hast mir viele Jahre meines Lebens ge-
raubt ... hast mir die Freude am Leben genommen und meine Ehe
zerstört ... Sollte ich sterben, bist du Schuld daran!« Zuzka wurde
der Kontakt zu allen Familienmitgliedern durch ihren eigenen
Vater untersagt. Sogar als ihre Tante Hanka aus Kanada zu Besuch in Frankfurt war und Zuzka zum Textilbasar fuhr, um ihr
Hallo zu sagen, wurde sie lauthals hinausgeworfen. Ganze sechs
Jahre lang sprachen Mirek und Eva nicht mit ihrer Tochter. Martin und mich flehte Zuzka immer wieder an, die Großeltern

anzurufen, zu Geburtstagen, Jahrestagen und Jubiläen zu gratulieren und sie im Geschäft zu besuchen.

Ende April 1992 startete Zuzka – wie jedes Jahr – erneut den Versuch, ihre Eltern zum Geburtstag einzuladen und gemeinsam mit uns allen zu brunchen. Aber sie erreichte sie nicht. Nach unserem Essen schnappte sich Honza seine Sporttasche und ging zum Tennisplatz. Zuzka aber hatte ein mulmiges Gefühl und blieb zu Hause. Nur wenige Minuten später klingelte das Telefon: »Guten Tag, hier ist die Hochtaunusklinik Bad Homburg. Ihre Eltern hatten einen schweren Autounfall. Ihre Mutter ist in einem sehr kritischen Zustand.«

Das war der Tag, an dem das Schweigen sein Ende nahm. Mirek wurde noch am selben Tag mit wenigen Schrammen entlassen. Eva aber lag mehrere Monate im Krankenhaus. Täglich kochte Zuzka für ihren Vater und verbrachte jeden Vormittag am Krankenlager ihrer Mutter. Mirek kommentierte das nur mit: »Wenigstens benimmst du dich jetzt endlich einmal wie eine anständige Tochter.« Als im November eine bereits lange geplante Herzoperation Mireks bevorstand, sagte er zu seiner Tochter: »Na, da freust du dich, was? Wenn ich endlich krepiere.« Die Operation lief nicht wie geplant und der behandelnde Arzt musste Mirek unverrichteter Dinge, mit offenem Herzen, zurück auf die Intensivstation verlegen. Zwei Tage darauf starb Mirek, ohne noch ein einziges Mal wieder die Augen geöffnet zu haben.

Eva überstand ihren Krankenhausaufenthalt, aber sie war von da an ein anderer Mensch. Der letzte Rest Lebenswille war ihr genommen, und sie schien sich an nichts mehr erfreuen zu können. Zuzka kümmerte sich um den Verkauf des Hauses in Eschborn, kaufte ihrer Mutter eine wunderschöne Wohnung in unserer Nähe und organisierte eine tschechische Pflegerin, die bei ihr wohnte. Zwei- bis dreimal täglich ging Zuzka ihre Mutter besuchen, kochte, organisierte, absolvierte jeden Arztbesuch mit ihr. Doch einen Dank oder auch nur ein Lächeln konnte sie nicht erwarten. Eva schwieg ihre letzten vier Lebensjahre mit einem Glas Mumm in der einen Hand und einer Zigarette in der anderen vor dem Fernsehapparat.

Du an, trank ein Gläschen mit dem Gast und gab Zuzka das Gefühl, als kämen die jungen Herren doch wohl wegen der Mama und nicht wegen der Tochter. Schließlich war Eva schlank, schön und witzig. Zuzka aber kämpfte zeitlebens mit ihrem Gewicht und fühlte sich im Vergleich zu ihrer Mutter als hässliches Entlein.

Also nahm Zuzka fortan ihre Freunde oder Bekannten lieber mit zu Tante Hankas Kartoffelpufferstand. Hier wurden sie herzlich empfangen und lustig bewirtet. Die Cousinen Ivana und Zuzka verstanden sich wunderbar. Ivana war ein Engel, der – vollgestopft mit Hankas überwältigender Liebe – immer nur geben konnte. Sie war ein Herz von einem Menschen und bildschön dazu. Die braunen Haare reichten ihr bis an die Hüfte. Sie war schlank und hatte ein makelloses Puppengesicht. Als Ivanas sechs Jahre jüngerer Bruder Martin zur Welt kam, war vor allem sie diejenige, die sich um ihn kümmerte. Sie wurde zu seiner engsten Bezugsperson und eigentlichen Mutter.

Am 28. August 1968, Ivana war achtzehn und Martin zwölf Jahre alt, packten Hanka und Vláďa zwei Koffer, ihre Kinder, setzten sich in ihren kleinen Škoda und fuhren nach Wien. Ganz plötzlich und ohne Ankündigung. Hanka war in fürchterliche Panik geraten, als die Russen in Prag einmarschierten. Offenbar weckten die Panzer und Soldaten Kriegserinnerungen. Ihr Entschluss war prompt und unumstößlich: Sie musste weg, sofort! Eine Hals-über-Kopf-Aktion, alles ließen sie zurück.

Als später Hankas Mutter Tonča und Schwester Eva in die verlassene Wohnung kamen, fanden sie in jeder Schublade, in jedem Schrank, auf dem Balkon und in allen möglichen Ecken altes schimmliges Brot.

In Österreich angekommen, machte sich dann Vláďa eindringliche Gedanken über ihr Ziel. Hanka wollte unter keinen Umständen in Europa bleiben. Die USA, Kanada und Australien waren die einzig möglichen Destinationen. Die Wahl fiel auf Kanada. Das Land war den Tschechen und ihrem Schicksal sehr wohlgesonnen. Mithilfe einer jüdischen Organisation arrangierten sie also ihre Emigration nach Toronto. Ivana ließ in Prag ihre große Liebe Olda zurück. Beide litten sehr unter dieser Trennung und fanden durch den Eisernen Vorhang nie wieder einen Weg zueinander.

Als die Familie Feix in Toronto landete, warteten am Flughafen schon Menschen, die den tschechischen Flüchtlingen helfen wollten. Unter ihnen war auch eine sehr wohlhabende Familie, die eine Kette von Möbelfachgeschäften besaß. Sie nahmen sich der Feix' an und gaben Vláďa sofort eine Arbeit als Truckfahrer, ungeachtet dessen, dass er absolut kein Englisch konnte und natürlich auch keinen LKW-Führerschein besaß. Mit Arbeit war es leichter, eine Wohnung zu finden. Hanka fand ebenfalls recht schnell Arbeit, erst als Serviererin und später sogar in der Radiologie einer Privatklinik.

Hankas Sohn Martin zog sich immer mehr zurück und kommunizierte mit niemandem. In die Schule ging er nur sporadisch. Als er mit vierzehn Jahren den Alkohol für sich entdeckte, wurde es zumindest mit der Kommunikation für ihn leichter. Er flog aus fünf Schulen. Der Direktor der letzten Schule trat an Hanka und Vlada heran und bemerkte, in Kanada gäbe es eine Schulpflicht bis zum Alter von sechzehn Jahren. Und sollte ihr Sohn Martin dies nicht beachten, müsse er in eine Jugendanstalt. Die Eltern entschieden kurzerhand, Martin für die letzten Monate bis zu seinem sechzehnten Geburtstag nach Frankfurt zu seiner Tante Eva und Onkel Mirek zu schicken. Damit war Martins Schullaufbahn beendet.

Mirek und Eva hatten bereits ihr kleines Geschäft mit Textilien. Der junge Neffe Martin arbeitete fleißig mit und verstand sich mit Eva ganz großartig. Immerhin konnten sie gemeinsam ein Gläschen trinken und lachen. Alles war besser als die neurotische und hysterisch überzogene Mutter.

Gewissheit

Honza ging voll in seiner Arbeit und seinem Laden auf. Sein Selbstbewusstsein wuchs. Er fühlte sich sehr wohl in der Selbstständigkeit und vor allem mit dem Zuspruch der Kunden und den damit einhergehenden Umsätzen. Was er nach einiger Zeit schwer ertrug, war Zuzka im Laden, zumindest dann, wenn er auch da war. Sie hatte andere Ideen, wollte anders dekorieren oder elegantere Ware verkaufen. Aber Honza war eigensinnig, er wollte es so, wie er es für richtig hielt. Durch und durch Eigenbrötler war mein Vater, meist ruhig und bedacht und vor allem sehr verschlossen.

Honza sagte nie, dass er uns liebte. Aber wir wussten das auch ohne Worte. Als ich anfing, mit Jungen auszugehen, warnte er mich vor denjenigen, die diese drei Worte zu schnell und zu häufig verwenden. Das sei unglaubwürdig und vor denen müsse man sich in Acht nehmen. Und dennoch hätte ich diese drei Worte gern einmal aus dem Mund meines Papas gehört. Es ist schließlich nicht so, dass ausgesprochene Gefühle an Bedeutung verlieren. Allerdings gibt es auch die andere Seite wie beispielsweise meine »verrückte« Tante Hanka aus Toronto, die immer, wenn sie uns sah, zig Male »I love you! I love you! I love you!« sagte.

Ständig wiederholte sie, was für schöne und großartige Kinder wir seien, wie sehr sie uns liebe, wie brav, anständig und klug wir seien. Sie küsste und streichelte uns. Dabei kannte sie uns eigentlich gar nicht. Martin und ich fanden sie immer irgendwie zum Lachen, eine skurrile Tante aus dem fernen Kanada. »I love you! I love you! I love you!« Wir lachten uns schlapp und nahmen sie nicht ernst. Worte als Ersatz für die Unfähigkeit zu echten Gefühlen! Aber unsere »verrückte« Tante Hanka hatte in allem, was sie tat, einen Sonderstatus und genoss in unser aller Augen eine besondere Freiheit.

Hanka, die Tante meiner Mama, wurde am 6. Oktober 1929 in Prag geboren. Ihre große Schwester Eva und sie verstanden sich nie besonders gut, dennoch war Eva immer Hankas großes Vorbild. Sie vergötterte sie und bewunderte ihre Freunde. Die beiden Mädchen rivalisierten stets um die Liebe des Vaters, der allerdings ganz klar Evička den Vorrang gab. Der Familie ging es finanziell sehr gut. Es gab mehrere Hausangestellte, und die Schwestern besuchten ein angesehenes Mädchengymnasium mitten in der Innenstadt.

1941, beim ersten Prager Transport ins Ghetto Lodz, war Hanka erst zwölf Jahre alt. Von Lodz aus ging es nach Auschwitz und von hier mit Eva und ihrer Mutter Tonča weiter nach Oberschlesien ins Lager Christianstadt. Anfang 1945 gelang Hanka und ihrer Mutter die Flucht von einem Todesmarsch Richtung Bergen-Belsen. Ihre Schwester Eva blieb zurück. Keine der drei Frauen redete jemals über diese Flucht und wie es dazu kam, dass eine Tochter nicht mit geflüchtet war.

Hanka und ihre sehr geschwächte Mutter schafften es, sich bis Tschechien durchzuschlagen. Sie gaben sich als ausgebombte tschechische Fremdarbeiterinnen aus. Ein Bauer gewährte ihnen Unterschlupf. Sie halfen ihm bei der Landarbeit.

Tonča muss die Arbeit unglaublich schwer gefallen sein. Ihr ganzer Körper und vor allem die Knochen waren durch die medizinischen Versuche, denen sie in Auschwitz durch die Ärzte Bruno Weber und Hellmuth Vetter ausgesetzt gewesen war, sehr geschädigt. Über Jahre hatte Weber in Auschwitz und dann in Dachau Versuche durchgeführt, vor allem an Frauen. Er erforschte unter anderem bakterielle Epidemien wie Typhus, Ruhr und Fleckfieber. Eine seiner »Spezialuntersuchungen« war zum

Beispiel, Patienten das Blut anderer Mithäftlinge zu spritzen, die eine andere Blutgruppe besaßen. Die Folge waren schlimme Fieberschübe.

In Polen sagte er später vor Gericht aus, er habe mit Auschwitz nie etwas zu tun gehabt. Er wurde nie für seine Taten belangt. Auch Hellmuth Vetter leugnete seine Schuld, wurde allerdings 1947 zum Tode verurteilt und 1949 erhängt.

Als vollkommen verstörte Jugendliche kam Hanka Krausová mit sechzehn Jahren zurück nach Prag. Ihre Schwester Eva kehrte erst einige Monate später aus Bergen-Belsen zurück. Trotz aller Traumata und Schwierigkeiten, unter denen Hanka nun litt, war sie stets fröhlich und schien von Leichtigkeit getragen zu sein. Sie begann eine Ausbildung zur Krankenschwester in der Radiologie. Ihre Mutter Tonča kurierte ihre Tuberkulose in einer Schweizer Klinik aus. Eva kümmerte sich um alles: den Haushalt, das Geschäft, die kleine Schwester.

Bald schon lernte Hanka den neun Jahre älteren, nichtjüdischen Vláďa Feix kennen. Er arbeitete damals im Amt für auswärtige Dienste und war überzeugter Kommunist. Die beiden verliebten sich bis über beide Ohren, und mit der Genehmigung der volljährigen Schwester Eva konnten sie noch im Jahr 1946 heiraten.

Nach mehreren Fehlgeburten bekamen die beiden 1950 ihr erstes Kind, die wunderschöne kleine Ivana, ein Engelskind mit einem Herzen aus Gold. Sie wurde mit Liebe nur so überschüttet. Mitte der 50er-Jahre bröckelte Vláďas Überzeugung vom Kommunismus, er verlor seinen Posten und arbeitete fortan in der Gastronomiebehörde des Bezirks Prag 7.

Hanka hat immer schwer gearbeitet, meist auch in der Gastronomie. Entweder schenkte sie Bier aus und servierte oder aber sie arbeitete im Straßenverkauf. Sie backte Kartoffelpuffer und verkaufte Eis. Welche Arbeit auch immer ihr das kommunistische System gerade zuteilte.

Zuzka empfand ihre Tante Hanka als den herzlichsten Menschen in ihrer Familie. Sie verbrachte viel Zeit bei ihrer Tante und ihrer kleinen Cousine Ivana. Die kleine Ivana wiederum war der Liebling von Zuzkas Mutter Eva.

Die Verhältnisse dieser vier Frauen waren eigenartig verdreht. Während Hanka ihr Leben lang ihre große Schwester Eva verherrlichte und alles für sie getan hätte, so hegte Eva nicht die geringste Sympathie für Hanka. Eva verglich ihre ungewünschte Tochter Zuzka immer mit der furchtbaren Tante Hanka und Hanka wiederum verglich ihre geliebte Tochter Ivana mit der bewunderungswürdigen Tante Eva.

Tonča mit ihren Enkeltöchtern Zuzka (links) und Ivana, 1951

Hanka war meist Zuzkas erster Anlaufpunkt. Als sie zum Beispiel eines Sonntags bei einem Spiel mit ihren Freunden aus der Straßenbahn fiel und sich am Knie verletzte, rief Zuzka sofort Tante Hanka an und nicht ihre Eltern, obwohl sie wusste, dass sie zu Hause waren. Wenn Zuzka einmal einen Jungen mit nach Hause brachte, so spürte sie immer ein unangenehmes Gefühl von Eifersucht gegenüber ihrer Mutter. Eva bot immer gleich das

Du an, trank ein Gläschen mit dem Gast und gab Zuzka das Gefühl, als kämen die jungen Herren doch wohl wegen der Mama und nicht wegen der Tochter. Schließlich war Eva schlank, schön und witzig. Zuzka aber kämpfte zeitlebens mit ihrem Gewicht und fühlte sich im Vergleich zu ihrer Mutter als hässliches Entlein.

Also nahm Zuzka fortan ihre Freunde oder Bekannten lieber mit zu Tante Hankas Kartoffelpufferstand. Hier wurden sie herzlich empfangen und lustig bewirtet. Die Cousinen Ivana und Zuzka verstanden sich wunderbar. Ivana war ein Engel, der – vollgestopft mit Hankas überwältigender Liebe – immer nur geben konnte. Sie war ein Herz von einem Menschen und bildschön dazu. Die braunen Haare reichten ihr bis an die Hüfte. Sie war schlank und hatte ein makelloses Puppengesicht. Als Ivanas sechs Jahre jüngerer Bruder Martin zur Welt kam, war vor allem sie diejenige, die sich um ihn kümmerte. Sie wurde zu seiner engsten Bezugsperson und eigentlichen Mutter.

Am 28. August 1968, Ivana war achtzehn und Martin zwölf Jahre alt, packten Hanka und Vláďa zwei Koffer, ihre Kinder, setzten sich in ihren kleinen Škoda und fuhren nach Wien. Ganz plötzlich und ohne Ankündigung. Hanka war in fürchterliche Panik geraten, als die Russen in Prag einmarschierten. Offenbar weckten die Panzer und Soldaten Kriegserinnerungen. Ihr Entschluss war prompt und unumstößlich: Sie musste weg, sofort! Eine Hals-über-Kopf-Aktion, alles ließen sie zurück.

Als später Hankas Mutter Tonča und Schwester Eva in die verlassene Wohnung kamen, fanden sie in jeder Schublade, in jedem Schrank, auf dem Balkon und in allen möglichen Ecken altes schimmliges Brot.

In Österreich angekommen, machte sich dann Vláďa eindringliche Gedanken über ihr Ziel. Hanka wollte unter keinen Umständen in Europa bleiben. Die USA, Kanada und Australien waren die einzig möglichen Destinationen. Die Wahl fiel auf Kanada. Das Land war den Tschechen und ihrem Schicksal sehr wohlgesonnen. Mithilfe einer jüdischen Organisation arrangierten sie also ihre Emigration nach Toronto. Ivana ließ in Prag ihre große Liebe Olda zurück. Beide litten sehr unter dieser Trennung und fanden durch den Eisernen Vorhang nie wieder einen Weg zueinander.

Als die Familie Feix in Toronto landete, warteten am Flughafen schon Menschen, die den tschechischen Flüchtlingen helfen wollten. Unter ihnen war auch eine sehr wohlhabende Familie, die eine Kette von Möbelfachgeschäften besaß. Sie nahmen sich der Feix' an und gaben Vláďa sofort eine Arbeit als Truckfahrer, ungeachtet dessen, dass er absolut kein Englisch konnte und natürlich auch keinen LKW-Führerschein besaß. Mit Arbeit war es leichter, eine Wohnung zu finden. Hanka fand ebenfalls recht schnell Arbeit, erst als Serviererin und später sogar in der Radiologie einer Privatklinik.

Hankas Sohn Martin zog sich immer mehr zurück und kommunizierte mit niemandem. In die Schule ging er nur sporadisch. Als er mit vierzehn Jahren den Alkohol für sich entdeckte, wurde es zumindest mit der Kommunikation für ihn leichter. Er flog aus fünf Schulen. Der Direktor der letzten Schule trat an Hanka und Vlada heran und bemerkte, in Kanada gäbe es eine Schulpflicht bis zum Alter von sechzehn Jahren. Und sollte ihr Sohn Martin dies nicht beachten, müsse er in eine Jugendanstalt. Die Eltern entschieden kurzerhand, Martin für die letzten Monate bis zu seinem sechzehnten Geburtstag nach Frankfurt zu seiner Tante Eva und Onkel Mirek zu schicken. Damit war Martins Schullaufbahn beendet.

Mirek und Eva hatten bereits ihr kleines Geschäft mit Textilien. Der junge Neffe Martin arbeitete fleißig mit und verstand sich mit Eva ganz großartig. Immerhin konnten sie gemeinsam ein Gläschen trinken und lachen. Alles war besser als die neurotische und hysterisch überzogene Mutter.

Im darauffolgenden Jahr, zurück in Toronto, eröffnete er dann gemeinsam mit seinen Eltern ein Damenmodegeschäft – ganz im Geiste des in Frankfurt Erlernten. Martin war sehr geschäftstüchtig und fleißig, doch der Alkohol und andere Drogen waren seine ständigen Begleiter. Obendrein versorgte ihn seine Mutter Hanka mit Valium, das sie selbst täglich schluckte.

Ivana studierte damals Buchhaltungswesen. Die Atmosphäre zu Hause, wenn die Eltern einmal da waren, war für beide Kinder unerträglich. Allein Vláďa versuchte ein wenig Frieden zu stiften. Ivanas größter Wunsch war es auszuziehen.

Noch während des Studiums lernte sie Frank Lipčík kennen, einen fünfzehn Jahre älteren, arbeitslosen Sportlehrer, der Frau und Kind in Tschechien zurückgelassen hatte und allein nach Kanada ausgewandert war. Es hieß, er habe in der Tschechoslowakei mit seinen Schülerinnen geschlafen und deshalb seine Arbeit verloren. Keiner in der Familie konnte ihn leiden. Alle versuchten, der wunderbaren, herzensguten Ivana diesen Mann, der sie auch noch mies behandelte, auszureden. Alle fürchteten sich vor ihm, sogar Ivana. Doch es half alles nichts: 1973, direkt nach ihrem Universitätsabschluss, heiratete sie Frank. Nur zwei Monate darauf fuhr sie mit ihm in einem alten VW-Käfer Richtung Ottawa, in der Hoffnung, er bekäme vielleicht dort endlich einen Job. Ein Betrunkener prallte mit seinem großen amerikanischen Van frontal auf das kleine deutsche Auto, das damals noch den Benzintank vorn hatte. Der Wagen explodierte auf der Stelle. Ivanka und Frank waren beide sofort tot.

Als die Polizei bei der Familie Feix klingelte, um vom Unfalltod der geliebten Tochter zu berichten, drehte Hanka vollkommen durch. Martin sagt heute über die Reaktion seiner Mutter nur: »Meine Mutter war von da an die reinste Horrorshow. Nie sah Hanka, dass Papa auch seine Tochter, ich meine Schwester und Ersatzmutter und vor allem Ivanka ihr Leben, ihre Zukunft verloren hatte. Für Hanka war es einzig und allein ihre eigene private Tragödie.«

Ivanas Überreste bewahrte Hanka über zwanzig Jahre lang in einer Urne auf ihrem Nachttischchen auf.

Ivana kurz vor dem Unfall, 1973

Geschäftlich lief es hingegen in dieser Zeit unglaublich gut. Innerhalb weniger Jahre eröffnete die Familie 26 »Your Choice«-Geschäfte und hatte schnell über 300 Angestellte. Die 70er- und 80er-Jahre waren für Unternehmer eine Goldgrube.

Mit dreißig Jahren wurde bei Martin allerdings Hodenkrebs diagnostiziert. Er musste sich fünf Operationen und fünf schweren Chemotherapien unterziehen. Im selben Monat, in dem er wieder als gesund aus ärztlicher Behandlung entlassen wurde, bekam Vláďa seine Diagnose: ein Tumor im Unterkiefer, der bereits ins Gehirn gestreut hatte. Es folgten Monate der Tortur. Das halbe Gesicht wurde ihm wegoperiert, und er litt unfassbare Schmerzen. 1987 starb Vláďa.

In diesen Jahren erlebte Kanada eine schwere Rezession, die letztendlich auch »Your Choice«, die Textilkette der Familie Feix, mit sich in den Abgrund riss. Martin und Hanka mussten kurz nach Vláďas Tod Konkurs anmelden, kündigten allen Mitarbeitern und fingen ganz von vorn an. 1990 entschloss sich Martin endlich, sich einem Drogen- und Alkoholentzug zu unterziehen, und ging für einen Monat in eine Klinik. Danach war er für genau eine Woche trocken. Erst drei Jahre später wagte er einen weiteren Versuch. Seitdem hat er keinen Tropfen Alkohol mehr zu sich genommen.

Seine Beziehung zu Hanka besserte sich ein wenig. Aber Hankas nervlicher Zustand verschärfte sich; immer wieder hatte sie Phasen, in denen sie extrem unruhig und aggressiv war, nicht schlief und alle um sich herum terrorisierte. Schließlich brachte man sie gegen ihren Willen in die Psychiatrie. Dort konnte man sie allerdings nicht länger als 72 Stunden halten. Sie verließ die Klinik, ging schnurstracks in ein Reisebüro, kaufte sich ein Ticket nach Prag, packte ihre Sachen und war zwei Wochen später in Prag bei Helenka, Zuzkas Schwiegermutter.

Innerhalb weniger Wochen organisierte sich Hanka eine Wohnung, Papiere, ein Auto, Versicherung und ihre Rente. Von nun an pendelte sie halbjährlich zwischen Toronto und Prag. Ein paar Jahre ging das ganz gut. Keiner wagte es, das Verhalten der Frau, die so viel durchlitten hatte, zu kritisieren. Alle Prager Frauen ihres Alters redeten hinter ihrem Rücken und fürchteten ihre Ausraster. »Die verrückte Hanka ... Die sollte lieber weggeschlossen werden ... Hoffentlich kommt Hanka nicht zum Nachmittagskaffee ... Ich weiß, sie kann nichts dafür, aber die ist doch eine Zumutung für uns alle ... Wir haben alle Schlimmes erlebt und benehmen uns nicht so ... «

Erst als Hankas Verhalten unerträglich wurde, brachte man sie erneut in die Psychiatrie, dieses Mal in die geschlossene. Erst mit fast 80 Jahren erfuhr Hanka, dass sie an einer schweren bipolaren Störung litt, einer extrem ausgeprägten manischen Depression. Es dauerte einige Zeit, bis ihre Medikation richtig eingestellt war, und forderte viel Kraft von ihrem gesamten Umfeld – vor allem von der lieben Helenka, die sich selbstverständlich um die Tante ihrer Schwiegertochter Zuzka kümmerte. Schließlich gehörte sie zur Familie.

Ich weiß das alles aus einem Gespräch mit Martin Feix. Über mehrere Stunden ging dieses Facetime-Telefonat. Einiges kannte ich bereits aus Erzählungen meiner Mutter, doch vieles raubte mir nun erneut den Atem. »Martin, was davon kann ich schreiben? Gibt es irgendetwas, was du nicht möchtest?« Er lachte: »Du kannst alles schreiben, Barbaro. Schreib', was du willst. So ist es nun mal. It is, what it is.«

Martin lebt heute ein ruhiges Leben in Toronto, versucht, sich über Wasser zu halten, hat eine verständnisvolle Partnerin aus Deutschland und ist seit über zwanzig Jahren sehr engagiert bei den Anonymen Alkoholikern. Er ist ein warmherziger Mensch. Mit seiner Kusine Zuzka steht er bis heute in engem Kontakt. Immerhin sind die beiden die letzten, die sich noch etwas über ihre verrückte Familie erzählen können und verstehen, was der andere durchmachen musste.

Martin hat eine wundervolle, erwachsene Tochter Nicole aus erster Ehe, die Ivana wie aus dem Gesicht geschnitten ist und einen wunderbaren Adoptivsohn Stefan.

Hanka starb 2012 im Prager jüdischen Altenheim.

In meiner Kindheit habe ich immer Hankas Lebensgeschichte, eine besonders drastische in unserer Familie, erzählt: erst KZ, dort Vater verloren, später Tochter verloren, Mann verloren, Sohn krebskranker Alkoholiker und obendrein noch eine riesige finanzielle Pleite. Das ist das Resümee des Lebens meiner Tante.

Hanka und Martin Feix, 1973

Mit dem Bachelor beendete ich 1999 meine Studienzeit in Prag. Zum Regiediplom hätte mir noch eine echte Regieführung mit dem hauseigenen Ensemble eines Theaters gefehlt. Doch dazu fehlte mir, nach der Erfahrung mit meinen Mitschülern, die Kraft und vor allem der Mut. Mir war klar, dass ich am Theater entweder Alkoholikerin, depressiv oder gar beides würde. Das hörte sich spannend an und machte es mir leichter mit dem Gefühl umzugehen, dass ich gänzlich untalentiert war.

Nach einigen Praktika in unterschiedlichen Fernsehredaktionen, etwa dem ARD-Studio Prag, ZDF oder Prima, einem tschechischen Sender, und ein paar Monaten Arbeit bei Frank Farian, dem großen Boney M-Musikproduzenten, bewarb ich mich um ein Volontariat als Fernsehjournalistin. Meine Mutter stupste mich in diese Richtung, schließlich hat der Beruf ein recht hohes Ansehen und etwas mit der Öffentlichkeit zu tun. Das Kind wird gesehen, und somit ist die gelungene Erziehung und das Glück der Tochter offensichtlich. Ich habe nichts und nie infrage gestellt, wusste nur instinktiv, dass, wenn es mir »gutginge«, auch meine Mutter zufrieden wäre.

Für die Bewerbung schrieb ich einen relativ außergewöhnlichen Lebenslauf und wurde möglicherweise deshalb vom SWR in die nächste Prüfungsrunde eingeladen. Ich war überhaupt nicht vorbereitet und hatte keine Ahnung, was mich erwartete. Zunächst gab es einen Wissenstest mit sehr vielen Fragen zu Politik, Wirtschaft, Sport, Kultur und Allgemeinem. Meine Lücken waren immens. Ich versuchte mein unzulängliches Wissen wenigstens mit originellen Antworten zu kompensieren. (Viel später erfuhr ich, dass ich den schlechtesten Wissenstest geschrieben hatte, der jemals abgegeben wurde.) Und dennoch ging es für mich weiter in die nächste Runde, ein Gespräch mit etwa sechs Mitgliedern des Prüfungsausschusses vom Südwest-Rundfunk. Die erste Frage war: »Frau Bišický, Sie kommen ja aus Frankfurt. Was sagen Sie zur jüngsten Unterschriftenkampagne des hessischen Ministerpräsidenten Roland Koch gegen die doppelte Staatsbürgerschaft? Ist Ihr demokratisches Empfinden dadurch erschüttert?« Am liebsten hätte ich geantwortet, dass ich nicht genau weiß, was ein »demokratisches Empfinden« überhaupt sein soll und wie man dieses erschüttern kann. Aber irgendwie schaffte ich es, mich herauszuwinden. Ich kam wieder in die nächste Runde. Hier ging es um Teamfähigkeit. Als Mensch, der von klein auf gelernt hatte, sich zum Wohle anderer anzupassen, war das ein Spaziergang für mich. Ich bekam den Platz als Volontärin in einer öffentlich-rechtlichen Fernsehanstalt. Unglaublich! Meine Eltern waren mächtig stolz, und das machte mich zufrieden.

Natürlich war ich in den gesamten anderthalb Jahren der Ausbildungszeit davon überzeugt, dass ich den Platz nur als Quotenjüdin bekommen hätte, die obendrein eben Tschechisch könne und in Prag Theater studiert hätte. Ich bildete mir ein, dass diese äußeren Faktoren sehr vielversprechend gewirkt haben müssen. »Wenn die nur wüssten, wie unsagbar unspannend ich in Wirklichkeit bin, und dass ich überhaupt nichts kann«, dachte ich. Meine Volontärkollegen und jeweiligen Redaktionsmitarbeiter müssen alle von mir und meiner Unsicherheit schrecklich genervt gewesen sein. Genau wie im Studium sagte ich ständig jedem, dass ich nichts könne und dass ich nicht wisse, warum ich eigentlich hier sei. Nichts traute ich mir zu und ging auch kein Risiko ein. Ich ließ mir helfen, wo es ging, und hielt mich für vollkommen ungeeignet als Journalistin.

Damals hatte ich noch die Illusion, Journalisten seien wahnsinnig intelligent, alle investigativ, kritisch und reich an immenser Allgemeinbildung. Ich hingegen war das Gegenteil und von der Absenz meiner Intelligenz vollends überzeugt. Wenn jemand meine Arbeit lobte, hatte ich innerlich immer die Ausrede, man meine ja gar nicht mich. Allein hätte ich es ja niemals so hinbekommen. Lob prallte an mir ab und verunsicherte mich eher. Nichtsdestotrotz behielten sie mich auch hier bis zum Schluss der Ausbildung. Ich hatte nicht die geringste Ahnung, wieso. Und so setzte sich das fort. Alles, was ich je gemacht habe, hört sich verdammt wichtig und interessant an. Aber ich weiß es besser.

Kürzlich sagte mir eine alte jüdische Frau, die sehr viel durchgemacht hatte, sich aber immer für andere eingesetzt hat, ihren Lebensleitspruch: »Wer nichts macht, macht keine Fehler.« Heute verstehe ich diesen Satz, und dennoch fällt es mir unendlich schwer, ihm zu folgen. Ich weiß, ich habe nichts zu verlieren. Ich weiß, es kann mir nichts Schlimmes passieren. Ich weiß, dass Fehler die besten Lehrer sind. Und dennoch ist da diese riesige Angst vor Unzulänglichkeit, und so habe ich mir nie Raum für Fehler gegeben.

Nach dem Volontariat wollte ich unter keinen Umständen in einer Rundfunkanstalt arbeiten. Weil mich keine Redaktion gefragt hatte, ob ich nach Beendigung der Ausbildung zurückkommen wolle, war vollkommen klar: Sie wollten mich nicht, weil ich es einfach nicht kann. Ich hatte natürlich nie in Betracht gezogen, dass ich mich vielleicht hätte bewerben müssen.

Da ich während des Volontariats geheiratet hatte, war es mir aber auch ganz recht, nicht direkt in den Stress einer Redaktion fallen zu müssen und weiterhin mit meinen Ängsten und Unzulänglichkeiten konfrontiert zu sein. Schließlich heiratet man ja auch, um Kinder zu bekommen. Also ging ich zunächst zurück in den sicheren Hafen meiner Arbeitsstelle vor der Ausbildung, zurück zu Frank Farian.

Die Stelle bei dem großen Musikproduzenten hatte mir ein Bekannter vermittelt, den ich eigentlich bei meiner Bewerbung um ein Volontariat um Hilfe gebeten hatte. Stattdessen hatte mich Michel aber mit Frank Farian bekannt gemacht und ihm meine Fähigkeiten angepriesen (obwohl er mich nicht wirklich gut kannte). Ich versank vor Scham im Erdboden, denn ich genierte mich für Lob und für das sogenannte »Vitamin-B«, und doch nahm ich das überraschende Arbeitsangebot dankend an.

Das sind die kleinen Vorteile der jüdischen Gemeinde, einer Minderheit und der daraus resultierenden gegenseitigen Unterstützung.

Farian hatte die Vision, einen großen amerikanischen Kinofilm zu produzieren, mit dem Thema: die ganze Milli-Vanilli-Story. Milli Vanilli waren Farians großer Lebenserfolg, neben Boney M., mitsamt unglaublichem Absturz.

In den 8oer-Jahren lernte Frank Farian die Tänzer Rob Pilatus und Fab Morvan kennen. Sie sahen gut aus und konnten hervorragend tanzen, genau die richtige Mischung für sein neues Projekt. Farian war schon damals ein sehr erfolgreicher und bekannter Musikproduzent; sein bis dahin größter Erfolg waren Boney M.

Dem Milli Vanilli-Duo gelang der Durchbruch auch in den USA. Wochenlang waren sie die Nummer eins in den Charts, sie gewannen sogar den Grammy – bis der große Traum platzte und die Wahrheit ans Licht kam. Die beiden Tänzer hatten nie auch nur eine einzige Zeile »ihrer« Lieder selbst gesungen. Diese Meldungen bestimmten damals die Hauptnachrichtensendungen in der ganzen Welt. Junge Mädchen mussten in psychologische Behandlung, weil der Schock sie so traumatisierte. Es war also eine unglaubliche Geschichte, die für großes Aufsehen sorgte. Frank

Farian war davon überzeugt, dass auch über zehn Jahre später die Story noch die Welt bewegen würde. Ich sollte, als Assistentin der Produktion, von seinem Studio in Rosbach aus die Vorbereitungen begleiten.

Das war mein erstes ordentliches Angestelltenverhältnis, eine besondere Art von Arbeit, die unter anderem beinhaltete, für Frank und seine Tontechniker und Musiker gegen 18:00 Uhr Brote zu schmieren und frischen Aufschnitt im Supermarkt einzukaufen. Seine rechte Hand und ehemalige Lebensgefährtin Ingrid (Milli) organisierte alles liebevoll. Sie war eine perfekte PR- und Marketingfrau, ohne das Fach jemals gelernt zu haben. Sie hatte ein ganz klares und eindrucksvolles Gespür für die Menschen, die sie und Frank brauchten und deren Gunst es zu pflegen galt.

Ich las mich ein in die Filmproduktion und hatte das Gefühl, nur Bahnhof zu verstehen. Wie froh war ich, wenn ich Brote machen durfte. Ich recherchierte Drehbuchautoren, amerikanische wohlgemerkt und nicht irgendwelche, sondern die großen Comedy-Autoren der Hollywood-Blockbuster. Wir flogen Mitch Markowitz ein, den Autor von »Good Morning Vietnam«, gingen mit ihm essen und engagierten ihn, für eine ziemlich eindrucksvolle Summe, das Drehbuch der Milli-Vanilli-Story zu schreiben. Während des Essens bot Frank Farian mir das Du an: »You can say You to me«. Es war ein sehr herzliches und freundliches Arbeitsverhältnis.

Mitch schrieb eine erste Fassung, die leider wirklich langweilig war und den großen Fantasien von Frank nicht im Geringsten genügte.

Dazu muss man sagen, dass ich zunächst die Einzige war, die das Drehbuch gelesen hatte, und dass Frank aufgrund meiner Erzählungen und meiner Einschätzung Schlüsse zog. Das ehrte mich ungemein, machte aber natürlich auch die Verantwortung immens.

Ein bisschen enttäuscht war ich schon, als wir Mitch Markowitz kündigen mussten. Immerhin sagten alle: »Der ist ja voll ver-
schossen in dich, Barbara«. Das schmeichelte mir, denn wer kann
schon von sich sagen, dass ein wichtiger Drehbuchautor aus Hol-
lywood sich für einen interessiert hat? Ob er mich wohl gut fand,
weil ich auch jüdisch bin? Egal, er war gekündigt. Am Ende kam
es zu Streitigkeiten mit der beauftragten Produktionsfirma und
die ganze Sache verlief im Sande. Ich verließ das Büro von Frank
Farian – diesmal allerdings, weil ich schwanger war.

Mittlerweile habe ich drei Kinder, sie sind mein größtes Glück und erfüllen mich mit unglaublich viel Stolz. Meine Eltern und Oma Helenka bedeutete dieses sichtbare Glück unheimlich viel.

Bestimmt war Kinderkriegen für mich ein bequemer Weg, keine Entscheidungen mehr treffen zu müssen, mich stattdessen den biologischen und tradierten Gegebenheiten hingeben zu können. Aber ich weiß, diese Kinder zu bekommen, war und ist mein Weg. Durch sie und mit ihnen lerne ich täglich so viel. Meine Mutterrolle hat mich vieles sehen gelehrt und mich überhaupt erst von meinen eigenen Eltern emanzipiert.

Sehr langsam zwar, und der Prozess dauert an, begann ich mir meinen Willen und meine individuelle Freiheit zu erkämpfen, mich von meiner Mama zu lösen, eine von ihr unabhängige Meinung zu entwickeln. Langsam fing ich an, die Strukturen zu verstehen, die mich belasteten.

Erstlingseltern sind ja sehr eigentümlich: Alles dreht sich um das Wohl des Kindes, man will alles richtig machen, hat Angst vor Infektionen und wäscht sich dauernd die Hände. Ich selbst fand mich unglaublich locker und entspannt, war aber natürlich nicht so. Ich desinfizierte mir zwar nicht die Hände, bevor ich mein Baby in den Arm nahm, und kochte Fläschchen auch nur einige Tage lang aus. Bei mir landeten sie schnell in der Spülmaschine; aber mein Putz- und Aufräumdrang nahmen vehement zu.

Das Thema Schlafen, das ja alle Eltern beschäftigt und mich so oder so schon seit meiner eigenen Kindheit, wuchs zu einem monströsen Elefanten heran. Das Kind durfte nicht wachwerden, so es denn endlich schlief. Und so ließ ich auch abends keine

Gäste ins Kinderzimmer, um das schlafende Baby zu begutachten. Meine Mutter empörte das enorm, schließlich hatte ich der Schwiegertochter ihrer Freundin den Blick auf mein Kind verwehrt.

Kritik, Ratschläge und vor allem eigenmächtige Entscheidungen von meiner Mutter in Bezug auf meine Kinder machten mich rasend. Nicht nur, weil ich endlich einmal meine eigenen Entscheidungen treffen wollte, sondern auch, weil ich ab und zu eifersüchtig auf die entspannte Oma-Enkelin-Beziehung war. Und das war MEINE Tochter. Die gehörte MIR und war MEIN Entscheidungsbereich. Da konnte meine Mutter nicht mir nichts, dir nichts kommen und entscheiden, dass sie beispielsweise ihrer Enkelin die Haare schnitt. Rollenbilder wiederholen sich wohl.

Omas haben natürlich in vielem recht, allein durch die erlebte Erfahrung, aber die kleine, frisch erwachte Rebellin in mir erlaubte kein Eingeständnis. Ich bemerkte zu der Zeit zum ersten Mal, was für einen unglaublichen Einfluss meine Mutter auf mein Leben hatte. Es hatten sich zwar schon früher Freundinnen über mich lustig gemacht und gesagt: »Na, Barbara, was sagt denn Zuzka dazu?«. Aber ernst hatte ich das nicht genommen, denn meine Mama war die stärkste, beste und die mit der größtmöglichen Liebe für ihre Kinder. Vor allem aber war sie die Mutter, die sich in meinen Augen am meisten aufopferte. Und die Aufopferung ist schließlich das, was zählt, so dachte ich.

Doch nun – selbst in der Mutterrolle – bemerkte ich immer mehr, dass es ihr an der Fähigkeit mangelte loszulassen, mich in meinem eigenen Sein zu bestärken und zu stützen. Und vor allem gab es dadurch keinen Raum für eigene Fehler und den daraus resultierenden Lernprozess. Unsere Leben waren verschmolzen: Mein Leid wurde zu ihrem und ihr Wunsch zu meinem, es gab keine Grenze. Und als ich endlich begann, mich abzunabeln, führte das zu vielen Auseinandersetzungen und zu noch mehr

Tränen. Es war ein Prozess, der für uns beide schwer war, weil er so ohne Ankündigung begann.

Noch heute haben wir ein sehr enges Verhältnis, und ich befürchte, dass, wenn wir einmal drei oder vier Tage nicht telefonieren, sie auf jeden Fall die GSG9-Truppe herbeordern wird, um nach dem Rechten zu sehen.

Zuzka und Barbara, 1987

Mit etwa fünfundzwanzig Jahren musste ich mit schweren Lähmungserscheinungen und dem starken Verdacht auf Multiple Sklerose ins Krankenhaus. Alle erdenklichen Untersuchungen wurden durchgeführt, zum Schluss auch eine Lumbalpunktion. Meine Mama hielt meine Hand, wischte Erbrochenes auf, schlief neben meinem Bett auf Polstern und tat alles, was in ihren Kräften lag. Jedoch an dem Tag, als sich der Professor mit den Ergebnissen der Untersuchungen ankündigte, brach sie zu Hause mit einer Depression zusammen und lag drei Tage bewegungsunfähig vor Angst im Bett. Niemals hätte sie die Kraft aufbringen können, mit mir zusammen die Ergebnisse anzuhören. Ich dagegen war völlig gelassen und auf alles gefasst.

Hatte ich eine Wahl? Nun, einen wirklichen Grund für meine Nervenentzündung hatte der Professor gar nicht finden können. Also hatte ich de facto nichts, was mich – ich gebe es zu – ein klein wenig enttäuschte.

Einige Tage später rappelte sich meine Mutter wieder auf aus ihrem Leid, das ja nun keines mehr war, und überzeugte mich von ihrer Theorie, meine Ängste seien schuld an den Lähmungen und ich solle eine Therapeutin aufsuchen. Einen Namen und eine Telefonnummer hatte sie auch schon dabei. Also ging ich brav einige Stunden zu dieser Therapeutin. Natürlich sprachen wir dort auch über meine Mutter, auch wenn damals noch auf einer sehr oberflächlichen Ebene.

Es gibt diesen Witz von drei jiddischen Müttern, die sich treffen und in den höchsten Tönen von ihren Söhnen erzählen. Die erste: »Also ich hab' einen sehr guten Sohn. Er hat mir ein Haus gekauft und ein neues Auto.« Die zweite: »Also mein Sohn liebt mich mehr, er hat mir nicht nur ein Haus und Auto gekauft, er kocht auch jeden Tag für mich.« Die dritte: »Also mein Sohn liebt mich am meisten. Er geht jeden Tag mit jemandem sprechen und redet immer nur über MICH!«

Jedenfalls redete auch ich ab und zu über meine Mama, und als die Therapeutin mir irgendwann erzählte, dass sie einen Sohn habe, der Anfang zwanzig sei, und sie etwa alle zwei Wochen mit ihm telefoniere, wusste ich: Falls ich ein Problem hatte, das therapierbar war, konnte diese Frau mir wohl eher nicht helfen. Sie hatte bestimmt nicht die Nummer der GSG9 parat.

Die Beziehung zu Israel war in unserer Familie nie sonderlich innig. Keiner aus meiner Familie ist dort aufgewachsen, spricht die Sprache oder kann gut mit der Hitze umgehen. Auch die Mentalität der Menschen und ihr Umgang miteinander ist uns fremd. Israel wurde für uns zu einem schönen Urlaubsziel, in dem wir Freunde treffen konnten, die man in Frankfurt auch hätte sehen können. Das ist etwas skurril, aber so ist das bis heute. Man fährt nach Israel und sieht am Strand die gleichen Menschen wie zu Hause.

Israelis sind laut, oft unfreundlich, und alles ist schrecklich teuer dort. Und dennoch: Die meisten meiner Freunde und Bekannten haben eine sehr spezielle Bindung zu dem Land. Israel ist wie ein Heiligtum, in dem zwar nur die wenigsten wirklich leben könnten, aber es gibt ein Flair von Hoffnung, von Kindheit, von Freiheit, von Zugehörigkeit, Sicherheit und Hemmungslosigkeit. Letztendlich spürt man dort möglicherweise vor allem Dankbarkeit für die bloße Existenz. Das merkt man vor allem in dem Moment, wenn man zurückkommt und wieder deutschen Boden betritt. Sogleich stellt sich ein Gefühl vom Anderssein ein. Der Anblick von alten Deutschen lässt dann sogar mich ein wenig erschauern. Was hat der oder die vor siebzig Jahren gemacht? Vor zwanzig oder dreißig Jahren fühlte sich das natürlich noch einmal anders an, zumal diese alte Generation ja mittlerweile kaum noch sichtbar unterwegs ist. Sie ist entweder tot oder einfach sehr alt und schwer krank.

Mit keinem meiner nichtjüdischen Freunde habe ich jemals über deren familiäre Geschichte während der Nazi-Zeit gesprochen. Ich kann gar nicht genau sagen wieso, aber es ist wohl eine Mischung aus der Angst, eine unangenehme Wahrheit zu hören, belogen zu werden, nicht glauben zu können, was mir erzählt würde, und der Befürchtung, totaler Unwissenheit und großem Desinteresse gegenüberzustehen. Bei meinen nichtjüdischen Freunden gab es mit Sicherheit auch einige Hemmnisse und Ängste.

Es ist erstaunlich: Wie liberal und offen viele auch scheinen mögen, mit einem gewissen Alkoholpegel wird die Zunge oft locker, die Hemmungen schwinden und man hört so manche Dinge, die man in nüchternem Zustand und bei Tageslicht wohl nicht gehört hätte: »Die Juden sind doch überall.« »Die haben alle so viel Geld.« »Wegen dem Tor des Negers hat die Eintracht das Spiel verloren.« »Ahmadinedschad ist doch nur ein Maulheld. Was regen sich die Juden denn nur so auf?« »Die Zahl der umgekommenen Juden ist im Vergleich zu den vielen anderen Opfern des Zweiten Weltkrieges doch gar nicht so hoch.« »Jetzt kommen die vielen Neger aus ihren Ländern, und hier wird alles anders. Wer will denn dann noch seine Kinder auf eine staatliche Schule schicken?« »Mehr Bier? Sei nicht so gierig, du Judd.« »Mama, Papa, das ist mein neuer Freund, der Jude.« »Ihr Juden müsst doch eh keine Steuern zahlen!« Das sind alles Dinge, die in gebildeten Kreisen und meinem Umfeld tatsächlich gesagt wurden, erstaunlich und erschreckend zugleich. Keine Rassisten, keine Antisemiten, aber ... Da ist ein Ansatz, der mich zweifeln lässt.

Mein ehemaliger Chef der PR-Agentur, in der ich einige Jahre gearbeitet habe, war der Einzige, der mir ganz klar sagte, er habe schwere Auseinandersetzungen mit seinem Vater und dessen Vergangenheit gehabt. Er habe alles wissen wollen und ihn immer und immer wieder zur Rede gestellt. Er selbst nennt sich stolz einen Teutonen durch und durch. Ich muss zugeben, das hat mir imponiert.

Manchmal denke ich, dass es möglicherweise als reflektierender und hinterfragender Mensch sogar schwerer ist mit einer »Tätervergangenheit« der Familie klarzukommen, als in einer

Opferfamilie groß zu werden. Die Scham und die Ausein-ander-setzung damit, wozu ein geliebter Mensch, ein Vorbild, imstande war, stelle ich mir höchst problematisch vor.

Wir mussten mit den Traumata klarkommen, die Täterangehörigen mit der Schuld. Da ist es klar, wem das Solidarisieren leichter fiel.

Meine Eltern, Martin und ich waren davon überzeugt, eine Familie mit einer bemerkenswerten Besonderheit zu sein: Denn obwohl alle Angehörigen, die vor 1945 geboren wurden, in Konzentrationslagern waren, hatten mein Bruder und ich unsere gesamte Kindheit und Jugend hindurch einen Opa, zwei Omas und sogar zwei Uromas. Diese Großeltern waren ein ganz großer Reichtum – ein Wunder. Unfassbar, dass sie die Gräuel der Lager überlebt hatten, wo doch der gesamte Rest ihrer Familien, die vielen Geschwister, Tanten, Onkel, Cousins und Cousinen umgebracht worden waren. Dreiviertel der Familie wurden durch die Nazis ausgelöscht. Štepanka, Helenka, Tonča, Eva, Hanka und Mirek aber waren unser Familienwunder.

Wir waren sicher, dass wir eigentlich im Guinness-Buch der Rekorde hätten stehen sollen, denn wir kannten niemanden mit so vielen KZ-Überlebenden im nächsten Umfeld. Ein wenig makaber, aber doch eindrucksvoll, wie wir fanden. Eine kleine, aber sehr besondere Familie.

Vier Omas
(v. l.) Tonča, Helenka, Štepanka, Eva und Enkel/Urenkel Martin, 1974

Bruder

Martin und ich hatten als Kinder ein recht typisches Rivalitätsverhältnis: Der Ältere meint immer, der Jüngere bekäme mehr Aufmerksamkeit oder Liebe. Wir stritten, kämpften und piesackten uns, manchmal so sehr, dass er mich gar nicht berühren musste, damit ich weinte. Als Bruder kannte Martin natürlich meine verletzlichen Punkte und wusste sie gekonnt auszunutzen. Es reichten wenige Minuten, bis er schließlich nur noch mehrfach wiederholen musste: »Heul doch, heul doch, heul doch ...« Und ich flippte vollkommen aus. Aber auch ich hatte meine Boshaftigkeit. Es war nicht schwer zu erkennen, dass Mama meist Martin im Verdacht hatte, den Ärger angestiftet zu haben, schließlich war ich das kleine brave Mädchen. Also fing ich ab und zu einfach an zu kreischen. Einfach so, ohne Anlass. Und schon hörte ich Mama schreien: »Maaaaaaarrrrtineeee! Nech toho (Lass das)!« Sehr zufrieden verkroch ich mich dann in mein Zimmer.

Als wir älter wurden, rauchten wir heimlich gemeinsam oben in unserem kleinen Badezimmer. Das war die Zeit, in der ich anfing, ab und zu auch mit meinem Bruder und seinen Freunden auszugehen. Es ist recht praktisch, einen älteren Bruder zu haben. Nach seinem Abitur ging Martin nach England, um Business Administration zu studieren. Heute sagt er, es wäre nicht seine eigene Wahl

Die stolze Oma Helenka mit Martin bei seiner Graduation, 1996 gewesen, sondern die unserer Eltern. Dennoch studierte er sehr erfolgreich und wurde auch prompt im Anschluss an seine Graduation von einer großen Bank, der Credit Suisse, übernommen. Martin ist ein kluger, gebildeter und witziger Mensch.

In Gesellschaft bin ich sehr gern in seiner Nähe, weil er zu allem etwas zu sagen hat und mit ihm nie Langeweile aufkommt. Ich muss nicht reden und kann mich zurücklehnen. Martin ist ein Unterhalter, manchmal zu laut und oft zu wenig in sich ruhend. Er wirkt leicht gehetzt und unter Strom. Am liebsten wäre er, so glaube ich, auf drei Partys gleichzeitig.

Er ist unser Familien-Wikipedia, seine Allgemeinbildung ist großartig. Honza war sein großes Idol, der Mann, der für ihn das Gute verkörperte. Ich denke, Martin wollte immer so sein, wie er sich vorstellte, dass Honza ihn gern gesehen hätte. Martin fühlte sich nie gut genug.

Nach vielen Jahren unglaublich harter, aber extrem erfolgreicher Arbeit im Investment Banking warf er das Handtuch. Er konnte nicht mehr. Der Druck war zu groß, um weiter einen Job zu machen, der ihm nicht die geringste Freude brachte – absolut nachvollziehbar und vollkommen gerechtfertigt. Martin aber schien den Eindruck zu haben, alle sähen ihn von nun an als Versager. Doch mit diesem Eindruck stand er ziemlich allein da. Natürlich gab es welche, darunter selbstverständlich Helenka, die sich Sorgen um Martins Zukunft machten. Aber niemand wäre je auf die Idee gekommen, Martin hätte es nicht gepackt oder er sei dem nicht gewachsen gewesen. Nur er zermarterte sich den Kopf über seine vermeintliche Unzulänglichkeit. Immer wieder treibt ihn ein Gefühl der Angst und des Versagens um. Dieser kluge Mann, der die Fähigkeit besitzt, zu begeistern und mitzureißen, auch er macht sein Leben von seiner Wirkung auf die Außenwelt abhängig. Der Tod unseres Vaters Honza hat Martin besonders mitgenommen und schockiert.

Sterben

Honzas Krankheit begann im Jahr 2000. Er war gerade einmal dreiundfünfzig Jahre alt. Das Wort Leukämie schob ich ganz weit von mir weg. »Mein Vater hat eine chronische Bluterkrankung, mit der man auch sehr alt werden kann.« Punkt! So rückte ich mir die Wirklichkeit zurecht, zumal auch Honza nicht wusste, dass er chronisch-lymphatische Leukämie, also Blutkrebs, hatte. Zumindest glaubten wir das; wir redeten nie über die Krankheit, und Honza lebte, als sei alles beim Alten.

Er arbeitete, fuhr Mofa, aß was er wollte, und ließ sich von den Tabletten nicht weiter irritieren. Mit den Monaten und Jahren reichte die Dosis der verabreichten Medikamente nicht mehr aus und mit der steigenden Dosierung nahmen auch die Nebenwirkungen zu. Er röchelte und hustete, verlor seinen Appetit und war müde. Er begann, langsam und ganz unauffällig seinen Abschied vorzubereiten, auch wenn für uns alle sein Tod noch in weiter Ferne, wenn nicht gar vollkommen unrealistisch war. Er verkaufte sein Geschäft, ordnete seine Papiere und brachte alles soweit in Ordnung, dass Zuzka nach seinem Ableben möglichst keine Sorgen zu haben brauchte. Ich bekam davon nicht viel mit.

Für meine Mama muss das eine ausgesprochen schwere Zeit gewesen sein, denn mein Vater redete nie über seine Gedanken und Gefühle, handelte aber, als sei sein Ende ganz nah. Das waren die Jahre, in denen ich eine ganz neue Nähe zu Honza erlebte und für die ich unglaublich dankbar bin. Fast täglich saß er bei mir in der Küche und aß mit Freude alles, was ich ihm hinstellte. »Baruno, du kochst schon besser als Zuzka.« Ich strahlte. Honza war der ultimative Maßstab für deftige Hausmannskost – alles andere war für ihn Quatsch –, einen Gulasch, Schnitzel, Tafelspitz in Dillrahmsoße oder einen ordentlichen Eintopf. Tschechische

Nachspeisen durften es aber auch sein: Obstknödel, Buchteln, Palatschinken oder einfach ein Stück Gugelhupf mit hausgemachter Marmelade. Dann war er glücklich. Manchmal saß er nur so da, und ab und zu kam ein kleiner Spruch aus seiner Ecke, der uns alle zum Lachen brachte. Ich konnte so gut mit Honza lachen. Wie wohl jeder.

Wenn der Rest der Familie da war, mein Mann, Schwiegermutter, Martin und Zuzka, war es oft sehr unruhig und die Luft geladen. Da prallten Temperamente aufeinander. Honza und ich mussten uns nur ansehen und wussten genau, was der andere dachte. Es war eine stille Übereinstimmung unausgesprochenen Wissens.

Wir zwei wussten, wir sind anders. Wir haben eine eher träge, phlegmatische Natur. Es ist uns nicht alles egal, im Gegenteil, aber es lässt uns nicht gleich aufbrausen oder in Verteidigungsstellung gehen. Wir sind Beobachter. Wie von einem Turm mit Fernrohr in der Hand können wir uns all die Verrückten ansehen und dabei schmunzeln. Mein Schmunzeln war zwar meist auch ein nervöses, da mich der Trubel nie wirklich kalt ließ, seines aber war von einer stoischen Ruhe.

Honza wollte immer allein zum Arzt gehen, auch zu seinen starken Chemotherapien. Einmal ist er sogar mit Herzinfarkt auf sein Mofa gestiegen und von der Krebsbehandlung heimgefahren. Weitere drei Tage verstrichen, bis wir ihn zum Arzt prügeln konnten, Honzas Infarkt diagnostiziert wurde und er einige Stents gelegt bekam.

Ich war die erste, die wusste, dass sein Ende unmittelbar bevorstand. Ich rief seinen Arzt an und erkundigte mich nach Honzas Lage. Der Doktor riet mir, das nächste Mal mit zur Untersuchung zu kommen. Er bat mich in seine Praxis, die dem Krankenhaus, in dem Honza seine Chemotherapie bekam, angegliedert war. »Es sieht sehr schlecht aus, Frau Ehrlich. Ihr Vater hat vielleicht noch drei oder vier Wochen. Die Werte sind zwar in Ordnung, aber es ist nun einmal so, dass die Chemotherapie mit der Zeit andere Organe zerstört und die meisten Menschen letztendlich an diesen Folgen sterben.« Ich verstummte. Honza sagte ich nichts von dieser Unterhaltung.

Als Honza am 23. Juli 2009 in meinen Armen starb, ging ein großer Teil von mir mit ihm. Aber er ließ einen noch viel größeren Teil von sich bei mir, und den trage ich in meinem Herzen. Dafür bin ich unendlich dankbar.

In den letzten Tagen und Stunden vor seinem Tod gab er mir das wohl größte Gut, das ein Vater seinem Kind geben kann: einen Blick voller Stolz auf mich. Zuzka wollte ständig etwas von ihm: »Deine Füße sind blau, zieh dir was an! Iss etwas! Trink etwas!« Ich war einfach nur da. So wie er immer in meiner Küche. Ich ließ ihn sein. Und das war es wohl, was er in den letzten Stunden ertragen konnte. Und so war ich auch die einzige, die seinen letzten Atemzug noch erleben durfte.

Martin und ich waren stundenlang bei ihm auf der Intensivstation und erlebten, wie sein Körper langsam, aber stetig aufgab. Sein Geist aber kämpfte und kämpfte. Eine Schwester kam in der Nacht zu uns und sagte, sie habe selten einen Menschen erlebt, der noch so kämpfe. Und noch seltener habe sie einen solchen Familienzusammenhalt erlebt. Martin kam mit dem Wissen um Honzas Sterben nicht klar. Er wollte es nicht wahrhaben und sagte mir ständig, dass wir bestimmt bald wieder alle gemeinsam grillen und Honza Witze reißen würde. Wie ein Tiger lief er in dem Zimmer auf und ab, schrie, weinte und schien unglaublich hilflos. Ich saß an Honzas Seite, hielt seinen vollkommen sedierten Körper in den Armen und flüsterte in sein Ohr: »Honza, du hast alles gegeben. Du warst ein großartiger Vater, Opa und Ehemann. Du hast alles gegeben, was du konntest. Wir lieben dich und danken dir für alles. Du kannst jetzt loslassen.« Ich wiederholte diese Sätze immer und immer wieder. Martin fragte: »Wie kannst du diese Nähe zu ihm haben?« Ich antwortete: »Ich weiß

es nicht, Martin. Aber diesmal bin ich es. Vielleicht nächstes Mal
du.«

Ich bat die Krankenschwester, meinem Bruder etwas zur Be-
ruhigung zu geben. Er weigerte sich. Schließlich bat ich Martin,
kurz hinauszugehen. Er möge Mama anrufen und kurz Luft
schnappen. Kaum war er draußen, stand Honzas Herz still. Es
war, als habe er gespürt, dass Martin diesen letzten Moment nicht
ertragen hätte, und als habe er ihn schützen wollen. Und so hatten Honza und ich unser letztes gemeinsames stilles Verständnis.

Ich blieb einige Minuten sitzen und schaute aus dem Fenster.
Der Tag brach an. Ein Schwarm Vögel flog vorbei, und ich dachte
nur: Oh Mann, das ist so kitschig.

Honza und Zuzka, 1990

Aberglaube

Seit Honzas Tod begegnen mir auf unterschiedliche und sehr eigentümliche Weise immer wieder Vögel: Ob es eine Blaumeise war, die sich auf den Terrassentisch setzte und mir minutenlang in die Augen sah, die Spatzenfamilie, die sich im Frühjahr darauf in meiner Garage eingenistet hatte, die zwei Tauben, die auf zwei Tannenkronen saßen, als ich mich auf dem Balkon sonnte und wie versteinert auf mich niederblickten, oder die unglaublich realistische Vogelzeichnung, die durch ein einziges Wischen mit meinem Arm auf der Duschtürscheibe erschien, der Schwarm Eichelhäher, der plötzlich an unserer Küche vorbeiflog und von denen einer mit heftigem Knall gegen die Fensterscheibe prallte. Es war, als wollte er hinein.

Da war das Blaumeisen-Pärchen, das im Vogelhäuschen auf meiner Terrasse fünf kleine Küken ausbrütete, oder aber der kleine Spatz, der in Prag am Tag von Honzas Steinsetzung über zwei Stunden lang nicht aus dem ehemals gemeinsamen Schlafzimmer meiner Eltern fliegen wollte. Das Zimmer war nicht groß, das Fenster dafür sehr. Und es stand sperrangelweit offen. Martin ging es an diesem Tag so schlecht, dass er zu Hause in unserer Prager Wohnung bleiben musste. Als wir heimkamen, stand er in Boxershorts, mit einem Besen bewaffnet, auf dem Bett und versuchte, das Vögelchen zu verjagen – und das, obwohl er unglaubliche Gleichgewichtsstörungen und starkes Kopfweh hatte. Es war die nervliche Belastung, die mit ihm durchging.

Ich schickte ihn ins Wohnzimmer, schloss die Schlafzimmertür und setzte mich aufs Bett. Der Spatz saß auf dem Schrank, völlig unbeirrt ob der Attacken meines Bruders. Ich bin wirklich kein Fan von Vögeln. Zumal mich ein Nachbarskind, das ab und zu bei Martin und mir gebabysittet hat, als wir klein waren, einmal »Die Vögel« von Hitchcock hatte sehen lassen. Damals war ich vier Jahre alt und traumatisiert fürs Leben.

Der Spatz und ich sahen uns an. Und in diesem Moment, mit dem Spatz im Schlafzimmer meiner Eltern, fühlte ich mich wirklich wohl. Es war ein ungewöhnlicher Moment der Ruhe. Nach ein paar Minuten stand ich ganz ruhig auf und ging zum offenen Fenster. Der Vogel flog zur Fensterbank und setzte sich erneut. Wieder sahen wir uns an. Schließlich flog er hinaus.

Für Helenka war Honzas Tod ein nicht zu überwindender Schlag. Nach dem Konzentrationslager, den schweren Jahren im Kommunismus, der großen räumlichen Entfernung zu ihrem Sohn und ihren Enkeln im Westen, dem frühen Tod meines Opas Tonda, der jahrelangen Pflege ihrer Mutter Štepanka kam nun auch noch der Verlust ihres einzigen Kindes hinzu.

Ein Kind sollte niemals vor den Eltern gehen, es ist unnatürlich und brutal. Die Zukunft, das Leben, das man geschenkt hat, in das man alle Liebe und Mühe investiert hat, darf doch nicht vor seinem Schöpfer gehen. Alle Liebe, Arbeit, Hoffnung und Zukunft waren mit einem Mal erloschen.

Meine liebe Oma Helenka welkte von diesem Tag an vor sich hin. Man konnte förmlich die Luft spüren, die aus ihr hinausströmte, so allein in Prag. Zuzka war oft bei ihr und kümmerte sich um alles. Helenka war für Zuzka die Art von Mutter, die sie nie gehabt hat, eine umsorgende, schützende und warme Frau. Ich fuhr so häufig es ging nach Prag, um Helenka zu sehen und zu sprechen. Großeltern sind oft lästig. Sie sind langsam, fragen viel, machen sich ständig Sorgen und uns Jungen womöglich Vorwürfe. Aber die Weisheit und die Geschichten, die sie mit sich herumtragen, sind ein großer Reichtum. Kinder und Alte sind rein und grenzenlos schlau, die einen in ihrer Unschuld, die anderen in ihrer Erfahrung und Weisheit.

Wie schwer muss es sein zu sehen, wie die Jungen Fehler machen. Wie schwer muss es sein, die Kontrolle über seinen eigenen Körper und Geist zu verlieren. »Helenko, es geht mir gut. Glaube mir. Es geht mir wirklich gut. Mache dir bitte keine Sorgen um mich.« »Ach, Bára, sage mir das öfter. Ich brauche das. Sage mir, dass es dir gut geht! Aber Bára, was, wenn nicht mehr? Was wenn nicht?« Ich schluckte nur und versuchte, sie zu beruhigen.

Ja, was wenn nicht mehr? Kann man so denken? Soll man so denken? Aus ihrem Blickwinkel ging es scheinbar nicht anders. Nach all den Erfahrungen, die sie in ihrem Leben machen musste, stellte sich der Fatalismus wohl notgedrungen ein.

Meine liebe Helenka, die Frau, die so vorsichtig ist wie ich, die so ordentlich ist wie ich, die Skeptikerin, die ewig gesunde Kranke, die stets darauf achtet, es möglichst allen recht zu machen, und anderen hilft, wo es nur geht. Meine geliebte Oma, die mir mühevoll das Fingerlutschen und In-die-Hose-Machen abgewöhnte, die mich Ordnung und Sauberkeit lehrte, von der ich Toleranz und Akzeptanz abschauen durfte, die Frau, die mit mir eine Kirche besichtigte und sagte: »Egal in welchem Gotteshaus du bist, Bára, es ist immer der gleiche Gott. Du kannst beten, wo du magst und in welcher Sprache du magst. Denn er hört dein Herz.«

Ende Oktober 2014 besuchte ich sie. Mittlerweile lag sie im Altersheim und war vollends pflegebedürftig. Sie lag da wie ein schlafendes Baby. Alle sagten, sie reagiere gar nicht mehr und öffne auch die Augen nicht, sie bekäme nichts mehr mit. Ich setzte mich zu ihr ans Bett, nahm ihre Hand und erzählte ihr von mir und meinen Kindern. Beschrieb ihr, wie zufrieden alle seien. Sagte ihr, dass ich sehr hoffe, man behandle sie gut und sie müsse keine Schmerzen leiden. Ich sah eine Träne aus ihrem Auge rollen und verspürte einen leichten Druck ihrer Hand, als ich meine wegziehen wollte. Sie hörte mich, sie nahm mich wahr, dessen war ich mir absolut sicher. Es tat gut zu wissen, dass ich ihr noch etwas geben konnte.

Abgemagert lag sie da, konnte nicht mehr sprechen, sich nicht mehr gegen etwas wehren. Wurde gefüttert, gewaschen und gewickelt. Helenka, die immer peinlichsten Wert auf Hygiene und Ästhetik gelegt hatte, lag nun vollkommen ausgeliefert da. Es muss die Hölle für sie gewesen sein, genau wie es das für mich wäre.

Ich beugte mich näher zu ihr und flüsterte ihr Worte ins Ohr, die ich nur fünf Jahre zuvor schon einmal gesprochen hatte: »Du kannst loslassen, Helenka. Du hast alles gegeben. Ich liebe dich. Du warst immer eine wundervolle Mama, Oma und Uroma. Es geht uns gut. Du musst dir keine Sorgen um uns machen. Es geht uns gut. Glaube mir. Es geht mir wirklich gut. Ich danke dir für alles, was du mir gegeben hast. Du kannst loslassen. Mache dir keine Sorgen um uns. Es geht uns gut.« Ich war nervös und unsicher, ob ich das Richtige tat. Schickte ich sie mit meinen Worten in den Tod oder erlöste ich sie von einer letzten Anspannung, die sie am Gehen hinderte? In diesen Minuten lag eine unglaubliche Ruhe.

Als ich von ihrem Bett aufstand, um zurück nach Frankfurt zu fahren, wusste ich, dass das unsere letzte Begegnung gewesen sein würde. Sieben Tage darauf war sie tot. Ich war die Letzte von uns, die bei ihr gewesen ist. Genau wie bei Honza.

Mit ihr ist nicht nur die letzte Zeitzeugin meiner Familie gegangen, sondern auch die letzte Person, die mich, mein Handeln, meine Ängste und Beklemmungen wirklich verstand.

Fragen

Wozu habe ich das alles geschrieben? Wen sollte das interessieren? Gibt es nicht genügend Bücher über die Schicksale der Holocaustüberlebenden? Als ich anfing zu schreiben, war es allein die Freude am Schreiben, die mich immer wieder zum Computer zog. Beim Schreiben der Sätze dachte ich, dieser Text könne möglicherweise einmal von Nutzen für meine Kinder sein. Dann kam bestimmt Eitelkeit hinzu, das Bedürfnis, mich mitzuteilen und auch die Geschichten dieser Menschen festzuhalten, meiner Familie. Gleichzeitig kamen aber auch wieder die Bedenken: Wer soll das lesen? Ich bin doch keine Schriftstellerin. Ich kann das doch gar nicht. Ein Buch schreiben? Das können nur echte Schriftsteller, Geschichtenerzähler oder Prominente mit ihrer gut verkäuflichen Biografie. Aber ich? Was ist das überhaupt für ein Text? Kann man ihn Literatur nennen? Eine Autobiografie ist es nicht, ein Roman auch nicht. Vielleicht eine Art Familienchronik? Was auch immer es ist, nun ist es da, schwarz auf weiß.

Und ich bin sehr froh darüber. Der Geist von Anna, Mirek, Tonča, Antonín, Hanka, Ivanka, Eva, Oskar, Štepanka, Tonda, Helenka und Honza ist hier auf diesen Seiten festgehalten. Und das Schreiben hat mir eine ganz neue Nähe zu meiner Familie geschenkt. Ich wünschte, ich könnte mit jedem Einzelnen noch ein letztes Gespräch führen. Der einzige Satz, den ich jedem sagen möchte ist: Ich verstehe jetzt!

Zukunft

Meine drei Kinder besuchen die jüdische Schule und bewegen sich zum großen Teil unter jüdischen Kindern. Ursprünglich ist das nicht mein Plan gewesen, ich wollte nicht, dass die Kinder in einer Art Ghetto aufwachsen und sie nicht verstehen, dass es eine Welt außerhalb dieses kleinen behüteten Rahmens gibt. Ich hatte Angst davor, man könne sie als die »arroganten, verwöhnten jüdischen Kinder« betrachten, genauso wie ich früher die Gemeindekinder empfunden hatte. Nur nicht negativ auffallen, nicht anders sein – das ist leider bis heute mein Antrieb, mein Motor. Diese unglückselige Unsicherheit ist mir geblieben. Sie scheint in jeder Pore zu stecken.

Es ist Angst: Angst vor dem Versagen, Angst davor, Genuss zu empfinden, Angst vor Überfluss, Angst davor, ungenügend zu sein, Angst vor Konsequenzen, Angst vor Beurteilung, Angst vor Entscheidungen. Angst vor dem Leben.

Und wenn ich mich umsehe und die Augen auf meine Freunde und Bekannten richte, so scheint es mir, als bestimme Angst viele jüdische Menschen meiner Generation. Sie hat unterschiedliche Ausprägungen, verschiedene Gewichtungen, aber es bleibt die Angst. Die ständige Suche nach Bestätigung von außen, das Sich-Vergewissern, ob man richtig entschieden hat, oder die lauten Beteuerungen der Liebe zu seinen Eltern scheinen Grundbausteine unseres Seins.

Ein schlechtes Gewissen wurde uns in die Wiege gelegt: Wir haben verdammt noch einmal die Verpflichtung, glücklich zu sein, das Beste aus unserem geschenkten Leben herauszuholen, schließlich sind wir »mit einem goldenen Löffel im Mund« geboren worden. Und gerade dieser Druck lähmt viele von uns – ob sichtbar oder nur im nach innen gerichteten Schmerz.

Lyel, Sami und Lian, meine drei wundervollen Kinder – Enkel, Urenkel und Ururenkel der schweren Last – werden diesen Druck hoffentlich endlich abschütteln und frei und stolz unabhängige Entscheidungen für ihr Leben treffen können.

Sie leben heute in einem ganz anderen Selbstverständnis von ihrem Judentum. Es besteht kein Zweifel an ihrer jüdischen Identität und einem gewissen Stolz um ihr Wissen. Gleichzeitig fühlen sie sich als Deutsche. Ohne Wenn und Aber. Deutsche Juden – jüdische Deutsche – das schließt sich nicht mehr aus und weckt kein Unwohlsein.

Seit mein Exmann nicht mehr mit uns im Haus lebt, führt mein Sohn Sami bei uns die Feiertage an, die wir seit Geburt der Kinder regelmäßig begehen. Wir servieren nicht einmal mehr Melone mit Parmaschinken oder Braten in Sahnesoße, das wäre den Kindern wahrscheinlich höchst befremdlich. Außerhalb der Feiertage stört das niemanden, aber an Rosh ha Shana, Jom Kippur oder Pessach achte ich darauf, zumindest ein wenig die Traditionen aufrechtzuerhalten, die die Kinder in der Schule lernen.

An den Feiertagen haben wir meist einige Gäste, darunter auch liebe nichtjüdische Freunde. Es wird viel gelacht und vieles nicht so ernst genommen. Wir wollen möglichst schnell durch die Gebetselegie hindurch, schließlich warten wir alle auf den Genuss der Mahlzeit. Das ist etwas, was sich wohl nie ändern wird: Essen behält seinen Stellenwert in meiner Familie.

Meine Mama macht böhmische Ente mit Kraut und Knödeln, ich die klassische jüdische Hühnersuppe, Salate und viele weitere Leckereien. Das Beten nimmt nur wenig Zeit in Anspruch. Sami verbessert unseren Gast, den einzigen Mann am Tisch, der beten kann, und alle krümmen sich vor Lachen, meine Töchter Lyel und Lian setzen derweil zu einem religiösen Liedchen an. Mein Bruder Martin, unsere Mama und ich können nicht mitsingen, aber ich beobachte stolz meine drei Kinder und beneide sie ein wenig um die Selbstverständlichkeit ihrer deutsch-jüdischen Identität. Ich denke an Honza und daran, wie stolz er wohl bei diesem Anblick wäre und was für ein liebevoller Opa er in den ersten Jahren gewesen ist. Sein Lachen fehlt. Immer wieder erzähle ich den Kindern von ihrem »Děda«, von dem, was er gern aß oder tat und wie er mit ihnen spielte. Sie erinnern sich gern und fragen überhaupt viel nach vergangenen Familiengeschichten – ich freue mich darüber.

Prag 2012, (v. l.) Barbara, Lian, Lyel, Helenka und Samuel

Wer?

»Wo bist du in diesem Buch, Barbara? Wer bist du? Du kommst kaum vor auf deinen Seiten.« Völlig perplex nahm ich diese Fragen enger Vertrauter, die mein Manuskript Probe lasen, wahr. Was heißt hier, wo bin ich? Hier geht es doch viel zu viel um mich!

All die Rückblenden auf meine Familienmitglieder mit so unglaublich schweren Schicksalen sind doch viel interessanter als die langweiligen Berichte über meine Studienzeit oder verschwommenen Kindheitserinnerungen.

Aber das meinten meine lieben Freunde nicht: »Barbara, du wirst nicht sichtbar. Von allen kann man sich ein genaues Bild zeichnen, aber nicht von dir. Wo bist du?« Mir schossen die Tränen in die Augen. Ich bin doch da drin. Da steht doch alles. Was soll ich denn noch über mich schreiben? »Barbara, du fühlst dich so stark in all die Personen deiner Familie ein, dass sie einem sehr nahe kommen, aber wenn es um deine Gefühle und deinen Schmerz geht, verschließt du dich.«

Ich habe viel über diese Worte nachgedacht. Sie lange nicht verstanden. Bis mir klar wurde: Die Angst, die mich am meisten verfolgt, ist die Angst zu fühlen.

Kann ich es mir überhaupt leisten zu fühlen? Ich, die ich immer für alle stark sein muss? Ich, die ich immer beweisen muss, stabil, verlässlich, unverwundbar zu sein?

Ich, die meiner Oma und meiner Mama immer wieder beteuern muss, dass es mir auch wirklich gut geht? Darf ich wissen, was ich, ich alleine möchte? Was ich spüre? Oder mir wünsche? Darf ich Schmerz empfinden, wenn doch das Leid meiner Familie so immens war? Darf es mir auch mal schlecht gehen? Darf ich stolz auf meine Leistungen sein? Welche Leistungen, frage ich mich sofort.

Diese Fragen sagen wahrscheinlich mehr über die übertragenen Traumata meiner Generation, als mir lieb ist. Ich weiß, ich bin eine starke Frau. Stark bei jeder Hürde, stark bei jedem Problem, das sich mir in den Weg stellt, stark für meine Mutter, stark für meinen Bruder, stark für meine Kinder und besonders stark im Starksein – vor allem aber bin ich enorm stark im Einstecken.

Ja, Helenka, es geht mir gut.

Und was, wenn nicht?

Dann habe ich jetzt die Kraft und den Mut, es zu fühlen. Ich lebe.

Prag, 2014, Helenka und Barbara

Die schicksalhafte Zahl 13 in meiner Familie

13. Februar 1945
Helenkas Flucht vom Todesmarsch

13. Juli 1947
Honzas Geburt

13. September 1969
Honzas Ausreise nach Deutschland

13. September 1974
meine Geburt

13. Sivan 5764
jüdisches Geburtsdatum meines Sohnes Samuel

13. September 2014
Bat Mitzwah meiner Tochter Lyel

13. Februar 2018
Buchpremiere in der Jüdischen Gemeinde Frankfurt

Einige wichtige Daten der tschechischen Geschichte

28.10.1918
Gründung der Tschechoslowakischen Republik, T.G. Masaryk erster
Staatspräsident. Tschechisch wird Amtssprache.

1918-1939
Erste Republik. Die Tschechoslowakei entwickelt sich zu einer starken Volkswirtschaft.

29.09.1938
Hitler, Mussolini, Chamberlain und Daladier unterschreiben das
Münchener Abkommen, das die Tschechen »Münchener Diktat«
nennen. Die Grenzgebiete werden von der deutschen Armee besetzt.

15.03.1939
Einmarsch und Besetzung durch deutsche Truppen. Bildung des Protektorats Böhmen und Mähren. Die Slowakei wird als »Schutzstaat«
des Deutschen Reiches eigenständig (1939-1945).

Oktober 1941
Beginn der Deportationen von Juden aus dem »Protektorat Böhmen
und Mähren«. Die ersten Transporte gehen nach Lodz, später nach
Theresienstadt.

27.05.1942
»Operation Anthropoid« – Attentat auf SS-Obergruppenführer und
Reichsprotektor Reinhard Heydrich. Als Vergeltung zerstören deutsche Polizeikräfte in den folgenden Tagen die Orte Lidice und
Ležáky. Die Einwohner werden getötet oder verschleppt sowie Hunderte Tschechen landesweit festgenommen und in Konzentrationslager deportiert. Heydrich erhält in Berlin ein Staatsbegräbnis.

1945
Amerikanische und sowjetische Truppen befreien das Land. 09.05. –
Einmarsch sowjetischer Truppen in Prag. Präsident Beneš übernimmt die Regierungsgeschäfte. Die nach ihm benannten Beneš-Dekrete sehen eine Bestrafung der Nazis und die gewaltsame Abschiebung der deutschen Bevölkerung vor. Die Vertreibung der Sudetendeutschen beginnt.

19.06.1946
Die Kommunistische Partei wird in die Regierung gewählt und kann
gewaltigen politischen Einfluss ausüben. Klement Gottwald (KPČ)
wird Ministerpräsident.

24.10.1946
Abschluss der Vertreibung von insgesamt 2,7 Mio. Deutschen.

25.02.1948
Vollständige Machtergreifung durch die Kommunisten (KPČ) – mit Berufung auf die vorangegangenen freien Wahlen. Verfassungsänderung, Umgestaltung des Landes nach sowjetischem Muster. Erster »Arbeiterpräsident« wird Klement Gottwald.

1953-1957
Verfolgung des Klerus und politische, antizionistische Prozesse.

05.04.1968
Aktionsprogramm der KPČ unter Alexander Dubček (»Prager Frühling«). Er will einen Sozialismus mit menschlichem Antlitz einführen (Freilassung der politischen Gefangenen, Aufhebung der Zensur).

21.08.1968
Militärische Intervention – Einmarsch der sowjetischen Truppen und Truppen des Warschauer Paktes (ohne Rumänien); Breschnew-Doktrin der »Begrenzten Souveränität der sozialistischen Staaten«.

17.04.1969
Ablösung Dubčeks und Wahl Gustáv Husáks zum Generalsekretär der KPČ. Selbstverbrennung des Studenten Jan Palach. Beginn der »Normalisierung«. Die ČSSR wird einer der konservativsten Mitgliedsstaaten des Ostblocks.

01.01.1977
Bürgerbewegung »Charta 77«.

17.11.1989
Das Bürgerforum wird zur tragenden Kraft der »Samtenen Revolution«. Die Polizei unterdrückt gewaltsam eine Studenten-Demonstration, was eine Großdemonstration von bis zu 750.000 Menschen nach sich zieht. Unter den Rednern ist auch der Schriftsteller Václav Havel. Die kommunistische Regierung hat die Medien nicht mehr unter Kontrolle. Sie wird nach 40 Jahren ohne Blutvergießen abgesetzt.

29.12.1989
Václav Havel wird zum Präsidenten der ČSSR gewählt.

Über einen langen Zeitraum bin ich mit dem Buch schlafen gegangen und damit aufgestanden, es hat meine Gedanken und Gefühle am Tag gefüllt. Es war mein Begleiter, mein Freund und Feind gleichermaßen. Ich verdanke diesem Buch eine neue Freiheit. Durch dieses Buch habe ich aber auch liebevolle und selbstlose Unterstützung von Menschen erfahren, für die ich unendlich dankbar bin.

In erster Linie möchte ich meiner Mutter und meinem Bruder danken. Für die Toleranz und ein erstes Familienlektorat. Für die vielen Tränen, die diese Seiten uns drei gekostet haben, vor allem aber für Eure Liebe.
Danke, dass Ihr hinter mir steht.

Ich möchte meiner Freundin Charlotte Rosenberg danken, die als erste einige Seiten gelesen und mich immer darin bestärkt hat, weiterzuschreiben.
Danke, für den Mut, den Du mir gegeben hast.

Simone Graumann, die vollkommen selbstlos ihre Hilfe anbot, noch bevor sie mein Manuskript überhaupt gelesen hatte, und mich seither unterstützt.

Dr. Elke Maiwald, für eine erste intensive Korrektur. Danke, dass Du meinen Seiten so viel Zeit und wichtige Gedanken geschenkt hast.

Ute Reischle-Schedler, Stefan Fahrmeier und Danny Wolf, danke für Euren Rat, Euer Ohr, das Ihr mir oftmals geliehen, und die vielen Gedanken, die Ihr Euch mit mir gemacht habt.

Axel Brinkmann to Broxten, danke für Deine Unterstützung und Ermutigung.

Judith Friedmann und Channah Trzebiner,
meine Schwestern im Geiste, danke.

Ihr alle wart und seid für mich da, habt mich und mein Buch unterstützt und mir gezeigt, dass man nicht immer geben muss, um etwas zu bekommen.

Ich danke
meiner Uroma Štepanka für ihre Stärke,
meiner Oma Helenka für ihre Geduld,
meinem Opa Tonda für seine Strenge,
meiner Oma Eva für ihre Disziplin,
meinem Opa Mirek für seinen Fleiß,
meinem lieben Papa Honza für seinen Humor.
Danke, dass es Euch gab.

Vergangenheit, Gegenwart und Zukunft in der Geschichte meines Lebens.
Barbara und Helenka

BIOGRAPHISCHES

BARBARA BIŠICKÝ-EHRLICH

Barbara Bišický-Ehrlich

1974 geboren, wuchs als Kind tschechischer Emigranten in Frankfurt am Main auf.

Nach ihrem Studium der Theaterregie und Dramaturgie in Prag absolvierte sie ein multimediales Redaktionsvolontariat beim Südwestrundfunk.

Heute arbeitet sie selbständig als Werbe- und Synchronsprecherin, leitet eine kleine Filmproduktion und Kinder-Theatergruppen in der Jüdischen Gemeinde Frankfurt. Sie lebt mit ihren drei Kindern in Frankfurt am Main.

www.barbara-bisicky-ehrlich.de

Dietlind Köhncke
Die Wörtersammlerin
Eine deutsche Kindheit
Erzählung

ISBN: 978-3-942223-86-7
eISBN: 978-3-942223-87-4

Lilibeth und ihre Familie müssen wegen das Bombardements der alliierten das vertraute Berlin verlassen. Sie wird in Ostpreußen eingeschult und ist begeistert von den Wörtern, die sie lernt. Sie beobachtet, wie die Erwachsene reden, lauscht ihren Sätzen und lernt schnell: ›Krieg‹ hat fünf Buchstaben, Frau Ohlmann ist ›arisch‹, nicht nur, weil sie wie eine Königin läuft und der ›Güterzug nach Berlin‹ muss schneller eintreffen als die ›Russen‹. In ihre Sammlung fügt sie jeden Tag neue Wörter und manchmal sogar ganze Sätze ein, wie ›Raus aus dem Haus, rum um die Ecke, rein in den Bunker‹. Und dann soll sie zu ihrem eigenen Vater, der nach langer Zeit nach Hause kommt, ›Onkel Hans‹ sagen, damit die Leute ihn nicht andauernd anzeigen – man nannte ihn ›Nazi‹, als er abgeholt wurde. Lilibeths Kinderwelt besteht aber auch aus Wörtern, die sie nicht in ihre Sammlung aufnimmt, wie ›Sowjetische Besatzungszone‹, weil das für sie klingt, als würde jemand einen von ganz nahe ansehen, die Stirn runzeln und zischen.

Dietlind Köhncke beschreibt die Kriegs- und Nachkriegszeit aus dem Blickwinkel eines Mädchens, das Wörter sammelt. Kindheit und Jugend sind geprägt von der Flucht, politischen Umbrüchen und Repressalien zweier Systeme. Durch die Kinderbilder wird der familiäre Alltag kartographiert, in dem Frauen die Hauptrolle spielen, ein Stück deutsch-deutsche Geschichte, das schwierige Zeiten durchlebt – unter den Nazis wie unter den Kommunisten.

Angela Schmidt-Bernhardt
Spätsommerhimmel in Sanssouci
Lebensabschnitte einer Vierteljüdin

ISBN: 978-3-942223-11-9
eISBN: 978-3-942223-47-8

»Dresden, 30. Januar 1933. Ich sehe es vor mir, wie Vati mich weckte und sagte, es sei etwas Ungewöhnliches geschehen. Wir sahen einen großen Fackelzug. Die Nazis feierten ihre Machtergreifung ...« Kurz vor ihrem Tod erzählt die 85-jährige Puti von ihren Jugendjahren in Nazideutschland. Angela Schmidt-Bernhardt, Tochter und Autorin, kannte sie als eine Frau, die ein Leben lang ihre Identität verbarg und mit der Scham lebte, zu den Überlebenden zu gehören, die sich selbst nicht wichtig nahm, weil sie so viel anderes Leid gesehen hatte. Eine Frau, die nur ein einziges Mal wagte, über ihre »Abstammung« zu sprechen – auf einem Spaziergang durch den verdämmernden Park von Sanssouci. Damals, im Spätsommer 1943, als die große Liebe kam, mitten im Krieg, öffnete sie ihr Herz: der Vater Halbjude, sie Vierteljüdin. Danach, und in der Nachkriegszeit, folgten das große Schweigen – und das immer wiederkehrende Erschrecken über Neonazis mitten in Deutschland.

Angela Schmidt-Bernhardt notiert die Erzählungen ihrer Mutter, findet Briefe und Tagebucheintragungen aus jener Zeit und nähert sich dem Erleben und den Gefühlen einer in der gewaltsamen Atmosphäre Nazideutschlands verstummten Frau.

Angela Schmidt-Bernhardt
Oktoberzug nach Riga
Geschichte einer Ermordung
Novelle
ISBN: 978-3-942223-68-3
eISBN: 978-3-942223-69-0

Marie hat eine weitverzweigte Familie und manche davon sind verschollen, wie sie im Rahmen einer Semesterarbeit über Stolpersteine für im Holocaust umgekommene Menschen feststellen muss. Wer waren Charlotte und Werner Heimann, und was ist mit ihnen geschehen? Gleichzeitig begibt sich in Amerika der Journalist John auf die Suche nach Überlebenden und deren Nachkommen, denn sein verstorbener Großvater hat durch seine Bürgschaft Menschen vor den Vernichtungslagern bewahren können. Eine Spurensuche beginnt: von der Stolpersteine auf der Bamberger Straße Nummer 48 in Berlin bis zu einen Oktoberzug, der 1942 nach Riga abging. Mit jeder neu entdeckten Spur vervollständigt sich die Geschichte einer Ermordung. Die Vergangenheit beginnt zu leben.

Angela Schmidt-Bernhardt beschreibt hier das unruhige Gemüt der jungen Generationen, die die Geschichte ihrer Herkunft und Identität anhand eines bisher schamhaft verschwiegenen Kapitels der eigenen Familie zu hinterfragen beginnt. Es geht ihr dabei um die grundlegenden, universalen Fragen: Wer bin ich wirklich, wenn ich kaum weiß, wer meine Vorfahren sind und woher ich komme? Was haben meine Vorfahren während des Holocausts gemacht und wie soll ich mit deren Taten heute umgehen? Was kann ich tun, dass die Geschichte sich nicht wiederholt?

Susanne Konrad
Die Liebenden von Wiesbaden
Novelle

ISBN: 978-3-95771-186-1
eISBN: 978-3-95771-187-8

»Such dir einen Mann in deinem Alter!«, tobt die Mutter wieder einmal. Doch ihre Tochter Kirsten hat sich schon längst in Ernst Kämmerer verliebt. Ein gestandener Geschäftsmann: mit schmalem weißen Haarkranz und dazu die hellblauesten Augen, die man sich vorstellen kann. Helle, klare Augen voller Wärme. Hans Albers wäre niemand dagegen gewesen. Dass er 61 Jahre alt ist und verwitwet, stört die 40-jährige Kirsten nicht. Im Gegenteil, sie hat schon immer eine Schwäche für ältere Männer gehabt. »Diese Herren, nach denen du schaust, können dir doch deinen Vater nicht ersetzen ...« Die Mutter versucht ihr Vernunft einzureden, doch Kirsten blieb standhaft. Sie will diesen Mann und keinen anderen.

Auch wenn niemand behaupten kann: »Das ist ein tolles Liebespaar!«, kommt es, wie es kommen soll: Sie lieben sich, Kirsten wird schwanger, sie heiraten und gründen eine glückliche Familie in Wiesbaden. Doch wenn etwas die Menschen und ihre Liebe vernichten kann, so sind es Diagnosen. Sie wirken wie Stempel, die den Geliebten verurteilen und kategorisieren. Und es folgt eine schwere Zeit. Für alle Beteiligten eine lange schlimme Zeit.

Susanne Konrad kartographiert die Gefühle einer starken Frau, die ihren Mann über alle Maßen liebt. Ihre Geschichte dokumentiert das Leben eines Paares, das durch den enormen Altersunterschied auf Grenzen stößt.

Fotini Tsalikoglou
Die verlorene kleine Schwester
Novelle
Aus dem Griechischen von Gesa Singer

ISBN: 978-3-95771-172-4
eISBN: 978-3-95771-173-1

8 Stunden und 35 Minuten. So lange dauert der Flug von New York nach Athen, bei dem Jonathan die traumatische Geschichte seiner Familie erzählt: einer griechischen Familie, die zu Beginn des 2. Weltkrieges nach Amerika ausgewandert war. Er erinnert sich an eine namenlose Frau, die ihn als Kind durch New Yorks Museen zog, um griechische Statuen zu bewundern. Er erinnert sich aber auch daran, wie sehr dieselbe Frau Griechenland hasste. Sie nannte sich Lale Andersen und verwandelte sich zugleich in seine Mutter. Jonathan versucht Szenen aus seinem bewegten Leben zu rekonstruieren. Und da taucht sie auf. Die verlorene kleine Schwester. Doch eine Reise ist immer ein Abenteuer – das Ende ist ungewiss. Vor allem, wenn die Sehnsucht nach Liebe als Wegweiser durch Raum und Zeit dient.

Die preisgekrönte Novelle von Griechenlands Erfolgsautorin **Fotini Tsalikoglou** beschreibt Migration als das prägende Thema unseres Jahrhunderts. Eine Geschichte über die Geschichte, über die Erinnerung und die Heimat.

»Komplex und geistreich präsentiert, literarisch ausgezeichnet verarbeitet und ganz hervorragend übersetzt.«
Markus Jäger
Lektoratsdienst - EKZ Bibliotheksservice

Gaye Boralıoğlu
Die Frauen von Istanbul
Erzählungen
einer unbekannten Gesellschaft
Aus dem Türkischen
von Wolfgang Riemann
und Monika Carbe

ISBN: 978-3-95771-108-3
eISBN: 978-3-95771-109-0

Istanbul – Zentrum für Handel, Finanzen, Medien und Kultur. Doch zwischen Hochhäusern und Moscheen, zwischen Europa und Asien, zwischen Moderne und Tradition, pocht das Herz einer patriarchalischen Gesellschaft, in der die Frauen tagtäglich ihren Platz finden müssen. Die Köchin übernimmt Verantwortung, um den besten Reis zu servieren, und die Schneiderin träumt beim Nähen gefährlich vor sich hin. Die Demonstrantin kämpft gegen das Establishment und die Toilettenfrau überwindet ihre Tätigkeit mit Kinobildern im Kopf. Die Tante entpuppt sich als Mörderin ihres Ehemannes und die Verkäuferin behauptet plötzlich, lesbisch zu sein. Die Frauen von Istanbul leben mit Träumen, Wünschen und Lügen, mitten in einem gefährlichen politischen System. Mit schwarzen Wimpern, großen Mandelaugen und gemalten Lippen lernen sie, außerordentlich erfinderisch zu sein. Um zu überleben. Ein Prozess, der seinen Preis hat. Bis in den Tod hinein.

Gaye Boralıoğlu, eine der bekanntesten und erfolgreichsten türkischen Autorinnen der Gegenwartsliteratur, hebt den Schleier der islamisch-konservativen Herrschaft und erlaubt uns einen Blick in eine unbekannte Gesellschaft.

Viktor Funk
*Mein Leben in Deutschland begann
mit einem Stück Bienenstich*
Roman
ISBN: 978-3-95771-184-7
eISBN: 978-3-95771-185-4

Lange hat er geglaubt, zur deutschen Gesellschaft dazu zu gehören – bis er Marie traf. Sie stammt aus Rumänien und betont das gern. Er hatte dagegen seine Vergangenheit versteckt. Die Beziehung mit ihr weckt Erinnerungen an seine Kindheit: endlose Tage in der sowjetischen Provinz in Kasachstan, mit Großvater und Vater beim Angeln am See und dann die ersten, schwierigen Jahre in Deutschland. Hier verstand er lange nicht, warum er nicht mehr von Lenin erzählen konnte, warum das, woran er als Kind geglaubt hatte, nun falsch sein sollte. Und nun spitzt sich diese Krise mit Marie zu. Sie wirft ihm vor, sich selbst zu verraten, um ein »Deutscher« zu sein. Doch in seinem Pass steht die Staatsangehörigkeit, die er immer haben wollte: »Deutsch«.

Viktor Funk behandelt in deinem Debütroman Identitätskrisen junger Menschen mit Migrationshintergrund. Mit den großen Fragen »Wo gehöre ich hin?«, »Wo ist meine Heimat?« und »Was darf ich aus meiner Vergangenheit mitbringen?«, trifft der Autor das Gefühl einer ganzen Generation. Fragen, die sich wie Fegefeuer ausbreiten und sich weder von Landesgrenzen noch von politischen Ideologien aufhalten lassen. Fragen, die der Gegenwartsgesellschaft Veränderungen vor Augen führen. Alles fließt.

Ingrid Walter
Eine ungeplante Reise nach Wien
Roman
ISBN: 978-3-95771-110-6
eISBN: 978-3-95771-111-3

Judiths Großmutter, die der wichtigste Bezugspunkt in ihrem Leben war, stirbt. Eine Geschäftsreise, ein Familienring und eine alte Schallplattenaufnahme der Lehár-Operette Giuditta führen die Enkelin nach Wien, wo die Großmutter während der Nazizeit eine gefeierte Operettensängerin war. Eine ungewöhnliche Spurensuche beginnt: Cafés, Hotelkulissen, Opernhäuser und das Wiener Flair versetzen Judith in vergangene Epochen zurück. Als sie auch noch den faszinierenden Heurigenlokal-Betreiber Leo kennenlernt, beginnt die junge Frau über Lebensläufe und das eigene Glück nachzudenken. Erst jetzt wird sie sich bewusst, wie eingefahren ihre Ehe ist, wie sehr sie und ihr Mann sich auseinander-gelebt haben und wie unglücklich sie in ihrem Job ist. Und je tiefer Judith nach den Geheimnissen ihrer Großmutter gräbt, je mehr sie dem Wiener Charme verfällt, desto mehr stellt sie auch ihr eigenes Leben auf den Prüfstand. Eine Entscheidung über ihre Zukunft rückt immer näher, eine Ent-scheidung, die alles zu verändern verheißt.

Ingrid Walter inszeniert ein farben-prächtiges Wiener Dekor und bettet darin die Geschichten zweier strahlender Frauen. Ein einfühlsamer und gleichzeitig kraftvoller Roman über Liebende, Musik und die Frage nach dem Preis, den jeder bezahlen muss, um sich glücklich zu fühlen.

Maria Skiadaresi
Venezia
Roman
Aus dem Griechischen von Brigitte Münch
ISBN: 978-3-95771-128-1
eISBN: 978-3-95771-129-8

Am Morgen des 7. September 1943 wurde Franco Solerti tot am Strand von Péra Meriá zwischen den Tamarisken aufgefunden. In seinem nackten Rücken steckte die lange Klinge eines Messers – eins von denen, die zum Häuten von Schweinen benutzt werden. Je weiter die Ermittlungen fortschritten, desto undurchsichtiger wurde die Sache. Ein Fetzen Frauenunterwäsche sowie Spuren von Pumps im Sand wiesen darauf hin, dass Franco kurz vor seinem Tod mit einer Frau zusammen gewesen war. In den offenen, gläsernen Augen schimmerte noch so etwas wie Ekstase. Doch wer war im Stande, das Leben eines Menschen im Augenblick der Liebe zu vernichten? Und warum?

Maria Skiadaresi erzählt das außergewöhnliche Schicksal der aristokratischen Familie Daponte. Ihre bewegte Geschichte ist auch gleichzeitig die der Frauen zu Beginn des 20. Jahrhunderts, die nicht nur ihre Rechte, sondern auch ihre Freiheit gegen Besatzer, Verrat und Krieg erkämpfen mussten.

Thomas Pregel
Schauergeschichten für ängstliche Männer
Kurzgeschichten

ISBN: 978-3-95771-168-7
eISBN: 978-3-95771-169-4

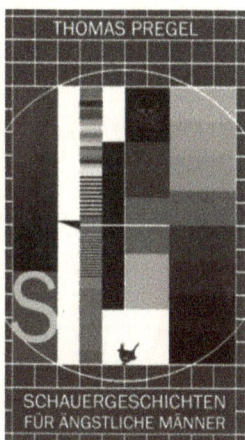

Die Welt ist mächtig in Bewegung geraten. Is-
lamistischer Terror bedroht die braven Bürger.
Frauen kämpfen um ihre Gleichstellung. Minderheiten verlangen Schutz vor Diskriminie-
rung. Und irgendwelche Schwule wollen die to-
tale Gleichberechtigung. Eine große Angst geht
um im Land: Der Geist der Veränderung. Wer
kann den aufhalten? Na, klar: die guten alten
Männer! Und was tun sie? Statt zu reden, handeln sie: Gegen Fremde hilft das Anzünden von
Flüchtlingsunterkünften. Unter Fanatikern
sorgt eine Bombe für Stimmung. Bei Frauen und
besonders Schwulen kann Selbstjustiz ein Segen
sein. Wahnvorstellungen erhalten durch fixe
Ideen erst ihre rechte Ordnung. Es braucht
große Reden, starke Fäuste, dicke Eier. Bloß
keine Angst zeigen. Keine Angst eingestehen.
Ein Mann kennt keine Angst!

In seinen acht »Schauergeschichten für ängstliche Männer« zeichnet **Thomas Pregel** mit bö-
sem Schalk die gesellschaftliche Entwicklung
unserer Zeit auf. In diesem gewagten Buch wid-
met er sich den alleinstehenden Männern. Verwitwet, heimgesucht, verbittert, verarmt, ar-
beitslos und von der Gesellschaft verachtet –
anderen geht es immer besser als ihnen selbst,
der Staat bevorzugt immer nur die anderen.
Womit haben sie das verdient?

Eine gelungene, überspitzte Antwort auf das
Treiben von Rechtsradikalen und Nationalisten,
den letzten Wohlfühlzonen jenseits des
Genderwahns für echte Männer, wie es scheint.
Männer, an denen die Welt vorbeigezogen ist.
Männer, die eigentlich nur Angst haben, sich
dies einzugestehen. Männer mit Angst vor dem
Leben selbst.

www.groessenwahn-verlag.de